Supersüße Häkelminis

Kleine Freunde zum Liebhaben und Verschenken

Weltbild

Vorwort

Super schnell gemacht und zuckersüß erfreuen sich Häkelminis größter Beliebtheit und finden meist schnell ein neues Zuhause. Die kleinen Freunde eignen sich ideal als Geschenk und passen zu jeder Gelegenheit.

Dabei sind die Minis äußerst vielseitig – von den bezaubernden Alltagsbegleitern am Schlüsselbund über bunte Applikationen zum Aufnähen bis hin zu originellen, farbenfrohen Schwämmen finden Sie in diesem Buch viele verschiedene Möglichkeiten, wie Sie die Kerlchen nacharbeiten und in Szene setzen können.

INHALTSVERZEICHNIS

Vorwort 2

Schlüsseltiere 4
   Wer wirft Waldis Knochen? 6
   Eine Kuh macht „muh" 8
   Kommt ein Vogel geflogen 10
   Giraffe hat alles im Blick 12
   Löwe auf Jobsuche 14
   Panda-Bär liebt das Feiern 16

Applikationen 18
   Die wollen doch nur spielen 20
   ABC und 1, 2, 3 … 22
   Frühlingserwachen 24
   Hier bin ich der Kapitän 26
   Held in strahlender Rüstung................ 28
   Kleiner Blumenzauber 31

Schwammgarn 34
   Farbenfrohe Old School Scrubbies 36
   Herzige Schwämme 38
   Kleiner Goldfisch 40
   Schäumender Seestern..................... 42
   Badeenten-Badespaß 44
   Fröhlich-fruchtige Melone 46

Glücksbringer 48
   Vierblättriges Kleeblatt 50
   Vorsicht Fliegenpilz 52
   Goldene Sonnenblume 54
   Zu sauberes Schweinchen 56
   Schlaue Marienkäfer 58
   Gute-Laune-Monster 60

Trendtiere 62
   Verträumtes Einhorn 64
   Flamingo-Freunde 66
   Weitgereistes Lama 68
   Wilder Drache 70
   Supercooles Faultier 72
   Süße Meerjungfrau 74

Kuscheltiere 76
   Kleiner Eisbär 78
   Treuer Hund 80
   Achtarmige Krake 82
   Susie, das Schaf 84
   Zartes Reh 86
   Anhängliches Krokodil 88

Grundkurs Häkeln 90
Impressum 96

Schlüsseltiere

Egal ob Giraffe oder Kuh, ob Panda-Bär oder Vögelchen: Die kleinen Schlüsseltierchen begleiten Ihre Besitzer treu durch den Alltag und passen auf, dass kein Schlüssel verloren geht. Die treuen Begleiter dürfen an keinem Schlüsselbund fehlen. Ob zum Verschenken oder Behalten – diese kleinen Figuren finden bestimmt schnell ein neues Zuhause.

Wer wirft Waldis Knochen?

ein echter Knochen-Job

GRÖSSE
ca. 5 cm

MATERIAL
* Anchor Sticktwist in Braun (Fb 309), 2 ½ Strg, in Weiß (Fb 01), ½ Strg und Schwarz (Fb 403), Rest
* Häkelnadel 1,25 mm
* Füllwatte
* Pompon in Schwarz, ø 7 mm
* 2 Glaswachsperlen in Schwarz, ø 4 mm
* Schlüsselring

ANLEITUNG

Kopf und Körper

In Braun mit Häkelnd 1,25 mm 2 Lm anschl und 6 fM in die 2. M von der Nd aus häkeln. Mit 1 Km zur Rd schließen und in Spiral-Rd häkeln.
1. Rd: Jede fM verdoppeln (= 12 fM).
2. Rd: Jede 2. fM verdoppeln (= 18 fM).
3. Rd: Jede 3. fM verdoppeln (= 24 fM).
4. Rd: Jede 4. fM verdoppeln (= 30 fM).
5.-9. Rd: 30 fM häkeln.
10. Rd: Jede 4. und 5. fM zusammen abmaschen (= 24 fM).
11. Rd: Jede 3. und 4. fM zusammen abmaschen (= 18 fM).
12. Rd: Jede 2. und 3. fM zusammen abmaschen (= 12 fM).
13. Rd: Stets 2 fM zusammen abmaschen (= 6 fM).
14. Rd: Jede fM verdoppeln (= 12 fM).
15. Rd: Jede 2. fM verdoppeln (= 18 fM).
16.+17. Rd: 18 fM häkeln.
18. Rd: Jede 2. und 3. fM zusammen abmaschen (= 12 fM).
19. Rd: Stets 2 fM zusammen abmaschen (= 6 fM).
Das Teil beenden, den Faden mit ca. 10 cm Länge abschneiden. Kopf und Körper mit Füllwatte ausstopfen und die Öffnung anschließend mit dem Faden schließen.

Schnauze

In Braun mit Häkelnd 1,25 mm 2 Lm anschl und 4 fM in die 2. M von der Nd aus häkeln. Mit 1 Km zur Rd schließen und in Spiral-Rd häkeln.
1. Rd: Jede fM verdoppeln (= 8 fM).
2. Rd: Jede 2. fM verdoppeln (= 12 fM).
3.+4. Rd: 12 fM häkeln.
Das Teil beenden, den Faden mit ca. 10 cm Länge abschneiden und die Schnauze mit dem Faden zur Hälfte mittig am Kopf annähen. Mit etwas Füllwatte ausstopfen und die Öffnung komplett schließen.

Ohr (2x)

In Braun mit Häkelnd 1,25 mm 2 Lm anschl und 5 fM in die 2. M von der Nd aus häkeln. Mit 1 Km zur Rd schließen und in Spiral-Rd häkeln.
1. Rd: Jede fM verdoppeln (= 10 fM).
2. Rd: Jede 2. fM verdoppeln (= 15 fM).
3. Rd: Jede 3. fM verdoppeln (= 20 fM).
4.+5. Rd: 20 fM häkeln.
6. Rd: Jede 3. und 4. fM zusammen abmaschen (= 15 fM).
7. Rd: 15 fM häkeln.
8. Rd: Jede 2. und 3. fM zusammen abmaschen (= 10 fM).
9. Rd: 10 fM häkeln.
Das Teil beenden, den Faden mit ca. 10 cm Länge abschneiden. Nun das Ohr flach drücken und mit dem Faden an den Kopf nähen.
Das 2. Ohr genauso arb und an der anderen Seite des Kopfes annähen.

Schwanz

In Braun mit Häkelnd 1,25 mm 2 Lm anschl und 4 fM in die 2. M von der Nd aus häkeln. Mit 1 Km zur Rd schließen und in Spiral-Rd häkeln.
1. Rd: Jede fM verdoppeln (= 8 fM).
2.-4. Rd: 8 fM häkeln.
Das Teil beenden, den Faden mit ca. 10 cm Länge abschneiden. Den Schwanz mit etwas Füllwatte ausstopfen und mit dem Faden am Hinterteil des Hundes annähen.

Augenfleck

In Weiß mit Häkelnd 1,25 mm 2 Lm anschl und 6 fM in die 2. M von der Nd aus häkeln. Mit 1 Km zur Rd schließen.
Das Teil beenden, den Faden mit ca. 10 cm Länge anschneiden und den Fleck mit dem Faden am Kopf direkt neben der Schnauze annähen.

Fleck am Kopf

In Weiß mit Häkelnd 1,25 mm 2 Lm anschl und 5 fM in die 2. M von der Nd aus häkeln. Mit 1 Km zur Rd schließen und in Spiral-Rd häkeln.
1. Rd: Jede fM verdoppeln (= 10 fM).
2. Rd: Jede 2. fM verdoppeln (= 15 fM).
Das Teil beenden, den Faden mit ca. 10 cm Länge abschneiden. Den Fleck am Hinterkopf annähen.

Bauchfleck

In Weiß mit Häkelnd 1,25 mm 2 Lm anschl und 5 fM in die 2. M von der Nd aus häkeln. Mit 1 Km zur Rd schließen.
Das Teil beenden, den Faden mit ca. 10 cm Länge abschneiden. Den Fleck mittig am Bauch annähen.

Fertigstellen

Die Perlen als Augen annähen und den Schlüsselring am Kopf annähen. Augenbrauen mit Stickgarn in Schwarz aufsticken und den Pompon als Nase annähen.

Eine Kuh macht „muh"

Woher kommt die Milch?

GRÖSSE
ca. 5 cm

MATERIAL
* Anchor Sticktwist in Weiß (Fb 01), 2 Strg, in Schwarz (Fb 403), ½ Strg, in Rosa (Fb 23) und Gelb (Fb 290), Reste
* Füllwatte
* Häkelnadel 1,25 mm
* 2 Glaswachsperlen in Schwarz, ø 4 mm
* Schlüsselring

ANLEITUNG

Kopf und Körper

In Weiß mit Häkelnd 1,25 mm 2 Lm anschl und 6 fM in die 2. M von der Nd aus häkeln. Mit 1 Km zur Rd schließen und in Spiral-Rd häkeln.
1. Rd: Jede fM verdoppeln (= 12 fM).
2. Rd: Jede 2. fM verdoppeln (= 18 fM).
3. Rd: Jede 3. fM verdoppeln (= 24 fM).
4. Rd: Jede 4. fM verdoppeln (= 30 fM).
5.-9. Rd: 30 fM häkeln.
10. Rd: Jede 4. und 5. fM zusammen abmaschen (= 24 fM).
11. Rd: Jede 3. und 4. fM zusammen abmaschen (= 18 fM).
12. Rd: Jede 2. und 3. fM zusammen abmaschen (= 12 fM).
13. Rd: Immer 2 fM zusammen abmaschen (= 6 fM).
14. Rd: Jede fM verdoppeln (= 12 fM).
15. Rd: Jede 2. fM verdoppeln (= 18 fM).
16.+17. Rd: 18 fM häkeln.
18. Rd: Jede 2. und 3. fM zusammen abmaschen (= 12 fM).
19. Rd: Immer 2 fM zusammen abmaschen (= 6 fM).
Das Teil beenden, den Faden mit ca. 10 cm Länge abschneiden. Nun Kopf und Körper mit Füllwatte ausstopfen und anschließend die Öffnung mit dem Faden schließen.

Maul

In Rosa mit Häkelnd 1,25 mm 2 Lm anschl und 6 fM in die 2. M von der Nd aus häkeln. Mit 1 Km zur Rd schließen und in Spiral-Rd häkeln.
1. Rd: Jede fM verdoppeln (= 12 fM).
2. Rd: Jede 2. fM verdoppeln (= 18 fM).
3. Rd: 18 fM häkeln.
Das Teil beenden, den Faden mit ca. 10 cm Länge abschneiden. Nun das Maul am Kopf zur Hälfte annähen, dann mit etwas Füllwatte ausstopfen und die Öffnung schließen.

Ohr (2x)

In Schwarz mit Häkelnd 1,25 mm 2 Lm anschl und 4 fM in die 2. M von der Nd aus häkeln. Mit 1 Km zur Rd schließen und in Spiral-Rd häkeln.
1. Rd: Jede fM verdoppeln (= 8 fM).
2. Rd: 8 fM häkeln.
3. Rd: Jede 2. fM verdoppeln (= 12 fM).
4. Rd: 12 fM häkeln.
5. Rd: Immer 2 fM zusammen abmaschen (= 6 fM).
Das Teil beenden, den Faden mit ca. 10 cm Länge abschneiden. Nun das Ohr flach drücken und mit dem Faden am Kopf annähen. Das 2. Ohr genauso arb und an der anderen Seite des Kopfes annähen.

Horn (2x)

Für das Horn in Gelb mit Häkelnd 1,25 mm 2 Lm anschl und 4 fM in die 2. M von der Nd aus häkeln. Mit 1 Km zur Rd schließen und in Spiral-Rd häkeln.
1. Rd: Jede fM verdoppeln (= 8 fM).
2.+3. Rd: Jeweils 8 fM häkeln.
Das Teil beenden, den Faden mit ca. 10 cm Länge abschneiden. Das Horn mit wenig Füllwatte ausstopfen und am Kopf (neben dem Ohr) mit dem Faden annähen.
Das 2. Horn genauso arb und am Kopf annähen.

Großer Fleck

In Schwarz mit Häkelnd 1,25 mm 2 Lm anschl und 5 fM in die 2. M von der Nd aus häkeln. Mit 1 Km zur Rd schließen und in Spiral-Rd häkeln.
1. Rd: Jede fM verdoppeln (= 10 fM).
2. Rd: Jede 2. fM verdoppeln (= 15 fM).
Das Teil beenden, den Faden mit ca. 10 cm Länge abschneiden und den Fleck mit dem Faden am Hinterkopf annähen.

Kleiner Fleck

In Schwarz mit Häkelnd 1,25 mm 2 Lm anschl und 5 fM in die 2. M von der Nd aus häkeln. Mit 1 Km zur Rd schließen. In der nächsten Rd jede fM verdoppeln (= 10 fM).
Das Teil beenden, den Faden mit ca. 10 cm Länge abschneiden. Nun den kleinen Fleck am vorderen Körper mit dem Faden annähen.

Fertigstellen

Die Perlen als Augen annähen und den Schlüsselring am Kopf der Kuh annähen. Für den Schwanz aus Stickgarn in Schwarz eine kleine Kordel drehen und am Hinterteil festnähen. Mund, Nasenlöcher und Augenbrauen mit Stickgarn in Schwarz aufsticken.

Kommt ein Vogel geflogen
es pfeifen die Spatzen von den Dächern

GRÖSSE
ca. 4 cm

MATERIAL
* Anchor Sticktwist in Hellblau (Fb 129), 1½ Strg, in Gelb (Fb 290), Weiß (Fb 01) und Schwarz (Fb 403), Reste
* Häkelnadel 1,25 mm
* Füllwatte
* 2 Glaswachsperlen in Schwarz, ø 4 mm
* Schlüsselring

ANLEITUNG

Kopf und Körper

In Hellblau mit Häkelnd 1,25 mm 2 Lm anschl und 6 fM in die 2. M von der Nd aus häkeln. Mit 1 Km zur Rd schließen und in Spiral-Rd häkeln.
1. Rd: Jede fM verdoppeln (= 12 fM).
2. Rd: Jede 2. fM verdoppeln (= 18 fM).
3. Rd: Jede 3. fM verdoppeln (= 24 fM).
4. Rd: Jede 4. fM verdoppeln (= 30 fM).
5.-9. Rd: 30 fM häkeln.
10. Rd: Jede 4. und 5. fM zusammen abmaschen (= 24 fM).
11. Rd: Jede 3. und 4. fM zusammen abmaschen (= 18 fM).
12. Rd: Jede 2. und 3. fM zusammen abmaschen (= 12 fM).
13. Rd: Immer 2 fM zusammen abmaschen (= 6 fM).
14. Rd: Jede fM verdoppeln (= 12 fM).
15. Rd: Jede 2. fM verdoppeln (= 18 fM).
16.+17. Rd: 18 fM häkeln.
18. Rd: Jede 2. und 3. fM zusammen abmaschen (= 12 fM).
19. Rd: Immer 2 fM zusammen abmaschen (= 6 fM).
Das Teil beenden, den Faden mit ca. 10 cm Länge abschneiden. Nun Kopf und Körper mit Füllwatte ausstopfen und anschließend die Öffnung mit dem Faden schließen.

Flügel (2x)

In Hellblau mit Häkelnd 1,25 mm 2 Lm anschl und 5 fM in die 2. M von der Nd aus häkeln. Mit 1 Km zur Rd schließen und in Spiral-Rd häkeln.
1. Rd: Jede fM verdoppeln (= 10 fM).
2.+3. Rd: 10 fM häkeln.
4. Rd: Immer 2 fM zusammen abmaschen (= 5 fM).
Das Teil beenden, den Faden mit ca. 10 cm Länge abschneiden. Nun den Flügel flach drücken und mit dem Faden seitlich am Körper annähen.
Den 2. Flügel genauso arb und an der anderen Seite des Körpers annähen.

Schwanz

In Hellblau mit Häkelnd 1,25 mm 1 Lm und 4 Lm (als Ersatz für das 1. DStb) anschl. 5 DStb in die Anfangs-Lm häkeln und mit 1 Km in die Anfangs-Lm enden. Den Faden mit ca. 10 cm Länge abschneiden und den Schwanz am Hinterteil des Vogels annähen.

Schnabel

In Gelb mit Häkelnd 1,25 mm 2 Lm anschl und 4 fM in die 2. M von der Nd aus häkeln. Mit 1 Km zur Rd schließen und in Spiral-Rd häkeln.
1. Rd: Jede fM verdoppeln (= 8 fM).
2. Rd: 8 fM häkeln.
Das Teil beenden, den Faden mit ca. 10 cm Länge abschneiden. Nun den Schnabel etwas mit Füllwatte ausstopfen und mit dem Faden mittig am Kopf annähen.

Bauchfleck

In Weiß mit Häkelnd 1,25 mm 2 Lm anschl und 5 fM in die 2. M von der Nd aus häkeln. Mit 1 Km zur Rd schließen. In der nächsten Rd jede fM verdoppeln (= 10 fM). Das Teil beenden, den Faden mit ca. 10 cm Länge abschneiden. Den Bauchfleck mittig am Körper des Vogels annähen.

Fertigstellen

Die Perlen als Augen annähen und den Schlüsselring am Kopf annähen. Die Augenbrauen mit Stickgarn in Schwarz aufsticken.

SCHLÜSSELTIERE

Giraffe hat alles im Blick

Wo geht's lang?

GRÖSSE
ca. 5 cm

MATERIAL
* Anchor Sticktwist in Gelb (Fb 290), 2 Strg, in Braun (Fb 309), ½ Strg und Schwarz (Fb 403), Rest
* Häkelnadel 1,25 mm
* Füllwatte
* 2 Glaswachsperlen in Schwarz, ø 4 mm
* Schlüsselring

ANLEITUNG

Kopf und Körper

In Gelb mit Häkelnd 1,25 mm 2 Lm anschl und 6 fM in die 2. M von der Nd aus häkeln. Mit 1 Km zur Rd schließen und in Spiral-Rd häkeln.
1. Rd: Jede fM verdoppeln (= 12 fM).
2. Rd: Jede 2. fM verdoppeln (= 18 fM).
3. Rd: Jede 3. fM verdoppeln (= 24 fM).
4. Rd: Jede 4. fM verdoppeln (= 30 fM).
5.-9. Rd: 30 fM häkeln.
10. Rd: Jede 4. und 5. fM zusammen abmaschen (= 24 fM).
11. Rd: Jede 3. und 4. fM zusammen abmaschen (= 18 fM).
12. Rd: Jede 2. und 3. fM zusammen abmaschen (= 12 fM).
13. Rd: Immer 2 fM zusammen abmaschen (= 6 fM).
14. Rd: Jede fM verdoppeln (= 12 fM).
15.-17. Rd: 12 fM häkeln.
18. Rd: Jede 2. fM verdoppeln (= 18 fM).
19.+20. Rd: 18 fM häkeln.
21. Rd: Jede 2. und 3. fM zusammen abmaschen (= 12 fM).
22. Rd: Immer 2 fM zusammen abmaschen (= 6 fM).
Das Teil beenden, den Faden mit ca. 10 cm Länge abschneiden. Nun Kopf und Körper mit Füllwatte ausstopfen und anschließend die Öffnung mit dem Faden schließen.

Schnauze

In Gelb mit Häkelnd 1,25 mm 2 Lm anschl und 5 fM in die 2. M von der Nd aus häkeln. Mit 1 Km zur Rd schließen und in Spiral-Rd häkeln.
1. Rd: Jede fM verdoppeln (= 10 fM).
2. Rd: Jede 2. fM verdoppeln (= 15 fM).
3.+4. Rd: 15 fM häkeln.
Das Teil beenden, den Faden mit ca. 10 cm Länge abschneiden. Nun die Schnauze mit dem Faden zur Hälfte am Kopf annähen, mit etwas Füllwatte ausstopfen und die restliche Öffnung schließen.

Ohr (2x)

In Gelb mit Häkelnd 1,25 mm 2 Lm anschl und 4 fM in die 2. M von der Nd aus häkeln. Mit 1 Km zur Rd schließen und in Spiral-Rd häkeln.
1. Rd: Jede fM verdoppeln (= 8 fM).
2. Rd: 8 fM häkeln.
3. Rd: Jede 2. fM verdoppeln (= 12 fM).
4.+5. Rd: 12 fM häkeln.
Das Teil beenden, den Faden mit ca. 10 cm Länge abschneiden. Nun das Ohr flach drücken und mit dem Faden am Kopf annähen.
Das 2. Ohr genauso arb und an der anderen Seite des Kopfes annähen.

Horn (2x)

In Braun mit Häkelnd 1,25 mm 2 Lm anschl und 5 fM in die 2. M von der Nd aus häkeln. Mit 1 Km zur Rd schließen und in Spiral-Rd häkeln.
1. Rd: Jede fM verdoppeln (= 10 fM).
2.+3. Rd: 10 fM häkeln.
4. Rd: Immer 2 fM zusammen abmaschen (= 5 fM).
Das Teil beenden, den Faden mit ca. 10 cm Länge abschneiden. Das Horn mit etwas Füllwatte ausstopfen und am Kopf annähen.
Das 2. Horn genauso arb und ebenfalls annähen.

Fleck

In Braun mit Häkelnd 1,25 mm 2 Lm anschl und 5 fM in die 2. M von der Nd aus häkeln. Mit 1 Km zur Rd schließen. In der nächsten Rd jede M verdoppeln (= 10 M). Das Teil beenden, den Faden mit ca. 10 cm Länge abschneiden. Nun den kleinen Fleck seitlich am Körper mit dem Faden annähen.

Fertigstellen

Die Perlen als Augen annähen und den Schlüsselring am Kopf annähen. Für den Schwanz aus Stickgarn in Braun eine kleine Kordel drehen und am Hinterteil der Giraffe annähen. Mund, Nasenlöcher und Augenbrauen mit Stickgarn in Schwarz aufsticken.

Löwe auf Jobsuche
kleiner König

GRÖSSE
ca. 5 cm

MATERIAL
* Anchor Sticktwist in Hellbraun (Fb 363), 2 Strg, in Dunkelbraun (Fb 358), 1 Strg und Schwarz (Fb 403), Rest
* Häkelnadel 1,25 mm
* Füllwatte
* 2 Glaswachsperlen in Schwarz, ø 4 mm
* Schlüsselring
* Pompon in Schwarz, ø 7 mm

ANLEITUNG

Kopf und Körper

In Hellbraun mit Häkelnd 1,25 mm 2 Lm anschl und 6 fM in die 2. M von der Nd aus häkeln. Mit 1 Km zur Rd schließen und in Spiral-Rd häkeln.
1. Rd: Jede fM verdoppeln (= 12 fM).
2. Rd: Jede 2. fM verdoppeln (= 18 fM).
3. Rd: Jede 3. fM verdoppeln (= 24 fM).
4. Rd: Jede 4. fM verdoppeln (= 30 fM).
5.-9. Rd: 30 fM häkeln.
10. Rd: Jede 4. und 5. fM zusammen abmaschen (= 24 fM).
11. Rd: Jede 3. und 4. fM zusammen abmaschen (= 18 fM).
12. Rd: Jede 2. und 3. fM zusammen abmaschen (= 12 fM).
13. Rd: Immer 2 fM zusammen abmaschen (= 6 fM).
14. Rd: Jede fM verdoppeln (= 12 fM).
15. Rd: Jede 2. fM verdoppeln (= 18 fM).
16.+17. Rd: 18 fM häkeln.
18. Rd: Jede 2. und 3. fM zusammen abmaschen (= 12 fM).
19. Rd: Immer 2 fM zusammen abmaschen (= 6 fM).
Das Teil beenden, den Faden mit ca. 10 cm Länge abschneiden. Nun Kopf und Körper mit Füllwatte ausstopfen und anschließend die Öffnung mit dem Faden schließen.

Schnauze

In Hellbraun mit Häkelnd 1,25 mm 2 Lm anschl und 5 fM in die 2. M von der Nd aus häkeln. Mit 1 Km zur Rd schließen und in Spiral-Rd häkeln.
1. Rd: Jede fM verdoppeln (= 10 fM).
2.+3. Rd: 10 fM häkeln.
Das Teil beenden, den Faden mit ca. 10 cm Länge abschneiden. Nun mit dem Faden die Schnauze zur Hälfte mittig am Kopf annähen, mit etwas Füllwatte ausstopfen und die restliche Öffnung komplett schließen.

Ohr (2x)

In Hellbraun mit Häkelnd 1,25 mm 2 Lm anschl und 4 fM in die 2. M von der Nd aus häkeln. Mit 1 Km zur Rd schließen. In der nächsten Rd jede fM verdoppeln (= 8 fM).
Das Teil beenden, den Faden mit ca. 10 cm Länge abschneiden. Nun das Ohr flach drücken und mit dem Faden am Kopf annähen.
Das 2. Ohr genauso arb und an der anderen Seite des Kopfes annähen.

Fertigstellen

Die Perlen als Augen annähen und den Schlüsselring am Kopf annähen. Für die Mähne in Dunkelbraun einige Fäden von ca. 5 cm Länge am Hinterkopf des Löwen einknüpfen. Mit einer Drahtbürste vorsichtig durchkämmen. Für den Schwanz aus hellbraunem Stickgarn eine kleine Kordel drehen und am Hinterteil des Löwen annähen. Den schwarzen Pompon an der Spitze der Schnauze annähen. Augenbrauen und Mund mit Stickgarn in Schwarz aufsticken.

SCHLÜSSELTIERE

Panda-Bär liebt das Feiern
kleiner Bär mit Augen-Ringen

GRÖSSE
ca. 4 cm

MATERIAL
* Anchor Sticktwist in Weiß (Fb 01) und in Schwarz (Fb 403), je 1½ Strg
* Häkelnadel 1,25 mm
* Füllwatte
* 2 Glaswachsperlen in Schwarz, ø 4 mm
* Schlüsselring

ANLEITUNG

Kopf und Körper

In Weiß mit Häkelnd 1,25 mm 2 Lm anschl und 6 fM in die 2. M von der Nd aus häkeln. Mit 1 Km zur Rd schließen und in Spiral-Rd häkeln.
1. Rd: Jede fM verdoppeln (= 12 fM).
2. Rd: Jede 2. fM verdoppeln (= 18 fM).
3. Rd: Jede 3. fM verdoppeln (= 24 fM).
4. Rd: Jede 4. fM verdoppeln (= 30 fM).
5.-9. Rd: 30 fM häkeln.
10. Rd: Jede 4. und 5. fM zusammen abmaschen (= 24 fM).
11. Rd: Jede 3. und 4. fM zusammen abmaschen (= 18 fM).
12. Rd: Jede 2. und 3. fM zusammen abmaschen (= 12 fM).
13. Rd: Immer 2 fM zusammen abmaschen (= 6 fM).
14. Rd (Schwarz): Jede fM verdoppeln (= 12 fM).
15. Rd: Jede 2. fM verdoppeln (= 18 fM).
16. Rd: 18 fM häkeln.
17. Rd (Weiß): 18 fM häkeln.
18. Rd: Jede 2. und 3. fM zusammen abmaschen (= 12 fM).
19. Rd: Immer 2 fM zusammen abmaschen (= 6 fM).
Das Teil beenden, den Faden mit ca. 10 cm Länge abschneiden. Nun Kopf und Körper mit Füllwatte ausstopfen und anschließend die Öffnung mit dem Faden schließen.

Schnauze

In Weiß mit Häkelnd 1,25 mm 2 Lm anschl und 5 fM in die 2. M von der Nd aus häkeln. Mit 1 Km zur Rd schließen und in Spiral-Rd häkeln.
1. Rd: Jede fM verdoppeln (= 10 fM).
2. Rd: 10 fM häkeln.
Das Teil beenden, den Faden mit ca. 10 cm Länge abschneiden. Nun mit dem Faden die Schnauze zur Hälfte mittig am Kopf annähen, mit etwas Füllwatte ausstopfen und anschließend die Öffnung schließen.

Ohr (2x)

In Schwarz mit Häkelnd 1,25 mm 2 Lm anschl und 5 fM in die 2. M von der Nd aus häkeln. Mit 1 Km zur Rd schließen und in Spiral-Rd häkeln.
1. Rd: Jede fM verdoppeln (= 10 fM).
2.+3. Rd: 10 fM häkeln.
Das Teil beenden, den Faden mit ca. 10 cm Länge abschneiden. Nun das Ohr flach drücken und mit dem Faden am Kopf annähen.
Das 2. Ohr genauso arb und an der anderen Seite des Kopfes annähen.

Augenfleck (2x)

In Schwarz mit Häkelnd 1,25 mm 2 Lm anschl und 5 fM in die 2. M von der Nd aus häkeln. Mit 1 Km zur Rd schließen. In der nächsten Rd jede fM verdoppeln (= 10 fM). Das Teil beenden, den Faden mit ca. 10 cm Länge abschneiden und den Augenfleck neben der Schnauze des Pandas, wo später das Auge sitzen soll, mit dem Faden annähen.
Einen 2. Fleck häkeln und an der anderen Seite der Schnauze annähen.

Schwanz

In Schwarz mit Häkelnd 1,25 mm 2 Lm anschl und 4 fM in die 2. M von der Nd aus häkeln. Mit 1 Km zur Rd schließen und in Spiral-Rd häkeln.
1. Rd: Jede fM verdoppeln (= 8 fM).
2. Rd: 8 fM häkeln.
Das Teil beenden, den Faden mit ca. 10 cm Länge abschneiden. Das Schwänzchen mit dem Faden am Hinterteil des Pandas annähen.

Fertigstellen

Die Perlen als Augen annähen und den Schlüsselring am Kopf annähen. Nase, Mund und Augenbrauen mit Stickgarn in Schwarz aufsticken.

Applikationen

Die flachen, kunterbunten Applikationen lassen sich überall aufnähen und verschönern so manches Accessoire. Ritter, Boot oder Blumenfee bringen nicht nur Kinderaugen zum Leuchten. Freuen Sie sich auf kleine Figuren, die ruckzuck gehäkelt sind und ihren ganz eigenen Zauber versprühen.

Die wollen doch nur spielen!

Katze und Maus

GRÖSSE
Katze: ca. 8 cm
Maus: ca. 2,5 cm

MATERIAL
* Anchor Sticktwist in Schwarz (Fb 403), Rest
* Häkelnadel 2,5 mm
* Stick- und Wollnadel

KATZE
* Schachenmayr Catania (LL 125 m/50 g) in Stein (Fb 242), Rest

MAUS
* Schachenmayr Catania (LL 125 m/50 g) in Silber (Fb 172), Rest

Luftmaschenketten behäkeln

Soweit nicht anders angegeben, die 1. M immer in die 2. Lm von der Nd aus arb.

ANLEITUNG KATZE

Körper

6 Lm mit Häkelnd 2,5 mm in Stein anschl und fM in R häkeln, dabei am Ende jeder R 1 Wende-Lm arb.
1. R: 5 fM.
2. R: Die 1. und die letzte M verdoppeln (= 7 fM).
3. R: 6 fM, 1 M verdoppeln (= 8 fM).
4. R: Die 1. M verdoppeln, 7 fM (= 9 fM).
5. R: 9 fM.
6. R: 2 fM zusammen abmaschen, 7 fM (= 8 fM).
7. R: 6 fM, 2 fM zusammen abmaschen (= 7 fM).
8. R: 2 fM zusammen abmaschen, 3 fM, 2 fM zusammen abmaschen (= 5 fM).
9. R: 3 fM, 2 fM zusammen abmaschen (= 4 fM).
10. R: 2 fM, 2 fM zusammen abmaschen (= 3 fM).
11. R: 1 fM, 2 fM zusammen abmaschen (= 2 fM).
12. Rd: Den Körper umhäkeln: 1 fM, 1 M verdoppeln, 12 fM, 1 M verdoppeln, 4 fM, 1 M verdoppeln, 1 fM. Dann für den Schwanz 18 Lm arb. Die Lm-Kette wie folgt behäkeln, dabei die 1. M in die 3. M von der Nadel aus arb: 3 hStb, 3 hStb in 1 M, 8 hStb, 2x je 2 hStb zusammen abmaschen, 13 fM, die Rd mit 1 Km in die 1. fM schließen. Faden lang abschneiden und durchziehen.

Kopf

In Stein mit Häkelnd 2,5 mm einen Magic-Ring fertigen und wie folgt fM in Spiral-Rd häkeln:
1. Rd: 8 fM in den Ring.
2. Rd: Jede M verdoppeln (= 16 fM).
3. Rd: *1 fM, 1 M verdoppeln, ab * 5x arb, 1 fM, 1 Lm, [1 hStb, 1 Stb, 1 DStb, 1 Lm, 1 Km in das DStb, 1 Stb] in 1 M, 1 Km, 3 fM.
4. Rd: [1 Stb, 1 DStb, 1 Lm, 1 Km in das DStb, 1 Stb, 1 hStb] in 1 M, 12 fM, 1 Km. Die übrigen M der 3. Rd bleiben unbehäkelt. Faden abschneiden und durchziehen.

Fertigstellen

Den Kopf an den Körper nähen und den Schwanz mit einem Stich am Körper befestigen. Alle Fäden vernähen. Augen und Mäulchen mit Stickgarn in Schwarz aufsticken.

ANLEITUNG MAUS

Körper

2 Lm mit Häkelnd 2,5 mm in Silber anschl und fM in R häkeln, dabei am Ende jeder R 1 Wende-Lm arb.
1. R: 2 fM in die 1. Lm.
2. R: 2 fM in 1 M, 1 fM.
3. R: 2 fM, 2 fM in 1 M.
4.+5. R: 4 fM.
6. R: 1 fM, 2 fM zusammen abmaschen, 1 fM. Wenden und den Körper wie folgt umhäkeln: 2 fM, 2 fM in 1 M, 5 fM, [1 fM, 1 Lm, 1 fM] in die nächste M, 10 fM, 1 Km, 8 Lm (= Schwanz). Faden trennen und durchziehen.

Ohr

In Silber mit Häkelnd 2,5 mm einen Magic-Ring fertigen und wie folgt häkeln: 3 Lm, 6 Stb, 1 Km in die 3. Lm. Faden trennen und durchziehen.

Fertigstellen

Alle Fäden vernähen. Das Ohr annähen. Auge und Näschen mit Stickgarn aufsticken.

APPLIKATIONEN

ABC und 1, 2, 3 ...

... nix dabei!

MATERIAL
* Häkelnadel 2,5 mm

BUCHSTABE „A"
* Schachenmayr Catania in Sonne (Fb 208), Rest

BUCHSTABE „B"
* Schachenmayr Catania in Signalrot (Fb 115), Rest

BUCHSTABE „C"
* Schachenmayr Catania in Golfgrün (Fb 241), Rest

BUNTE STIFTE
* Schachenmayr Catania in Signalrot (Fb 115), Sonne (Fb 208), Cyclam (Fb 114), Violett (Fb 113), Golfgrün (Fb 241), Pfau (Fb 146) und Weiß (Fb 106), Reste

ZAHL „1"
* Schachenmayr Catania in Pfau (Fb 146), Rest

ZAHL „2"
* Schachenmayr Catania in Cyclam (Fb 114), Rest

ZAHL „3"
* Schachenmayr Catania in Violett (Fb 113), Rest

ANLEITUNG

Buchstabe „A"

Für den Bogen mit Häkelnd 2,5 mm 22 Lm in Sonne anschl und auf die Lm-Kette wie folgt häkeln:
1 fM in die 2. Lm von der Nd aus, 9 fM, 2 fM in die folgende fM, 10 fM = 22 fM.
Für den Querstrich 6 Lm in Sonne anschl und auf die Lm-Kette 5 fM häkeln, dabei die 1. fM in die 2. Lm von der Nd aus häkeln.

Fertigstellen

Die Teile laut Abbildung zum Buchstaben „A" zusammennähen und glatt bügeln.

Buchstabe „B"

10 Lm mit Häkelnd 2,5 mm in Signalrot anschl und in R häkeln. Am Ende jeder R 1 Wende-Lm häkeln.
1. R: 9 fM, dabei die 1. fM in die 2. Lm von der Nd aus häkeln, wenden.
2. R: 1 Km in die 1. fM, 8 Lm anschl, 2 Stb in die 4. folgende fM der Vor-R, 8 Lm anschl, 1 Km in die letzte fM der Vor-R, wenden.
3. R: Auf die 1. Lm-Kette 3 fM, 2 fM in eine Einstichstelle, 4 fM (= 9 fM), je 1 Km in die folgenden 2 Stb, auf die 2. Lm-Kette 4 fM, 2 fM in eine Einstichstelle, 3 fM (= 9 fM), 1 Km in die Km der Vor-R.

Fertigstellen

Den Buchstaben glatt bügeln.

Buchstabe „C"

17 Lm mit Häkelnd 2,5 mm in Golfgrün anschl und auf die Lm-Kette wie folgt häkeln:
1 fM in die 2. Lm von der Nd aus, 3 fM, je 2 fM in die folgenden 2 Lm, 4 fM, je 2 fM in die nächsten 2 Lm, 4 fM = 20 fM insgesamt.

Fertigstellen

Den Buchstaben glatt bügeln.

Bunte Stifte

4 Lm mit Häkelnd 2,5 mm in der gewünschten Fb anschl und in R fM häkeln. Am Ende jeder R 1 Wende-Lm häkeln.
1. R: 1 fM in die 2. Lm von der Nd aus, 2 fM.
2.-13. R: 3 fM häkeln.
Nun in Weiß weiterarb.
14. R: 1 Lm, 3 fM.
15. R: 1 fM, 2 fM zusammenhäkeln = 2 fM.
16. R: 2 fM zusammenhäkeln = 1 fM.
Nun in der Fb des Stiftes weiterarb:
17. R: 1 Lm, 2 fM in eine Einstichstelle = 2 fM

Fertigstellen

Den Stift glatt bügeln.

Zahl „1"

20 Lm mit Häkelnd 2,5 mm in Pfau anschl und auf die Lm-Kette wie folgt häkeln:
1 fM in die 2. Lm von der Nd aus, 5 fM, 3x je 2 fM zusammenhäkeln, 7 fM = 16 fM.

Fertigstellen

Die Zahl glatt bügeln.

Zahl „2"

24 Lm mit Häkelnd 2,5 mm in Cyclam anschl und auf die Lm-Kette wie folgt häkeln:
1 fM in die 2. Lm von der Nd aus, 1 fM, 2 fM zusammenhäkeln, 2 fM, 2 fM zusammenhäkeln, 1 fM, 2 fM zusammenhäkeln, 5 fM, 2 fM in eine Einstichstelle, 6 fM = 21 fM.

Fertigstellen

Die Zahl glatt bügeln.

Zahl „3"

24 Lm mit Häkelnd 2,5 mm in Violett anschl und auf die Lm-Kette wie folgt häkeln: 1 fM in die 2. Lm von der Nd aus, 2 fM, 2 fM in eine Einstichstelle, 2 fM, 2 fM in eine Einstichstelle, 3 fM, 3 M überspringen, 3 fM, 2 fM in eine Einstichstelle, 2 fM, 2 fM in eine Einstichstelle, 3 fM = 21 fM.

Fertigstellen

Die Zahl glatt bügeln.

Frühlingserwachen
Blumen

GRÖSSE
ca. 4,5 cm

MATERIAL
- Schachenmayr Catania (LL 125 m/50 g) in Hellblau (Fb 173), Ocean (Fb 400), Weiß (Fb 106), Malve (Fb 399) und Phlox (Fb 282), Reste
- Häkelnadel 2,5 mm
- Stick- und Wollnadel

Luftmaschenketten behäkeln

Soweit nicht anders angegeben, die 1. M immer in die 2. Lm von der Nd aus arb.

ANLEITUNG

Blume mit spitzen Blütenblättern

In Hellblau mit Häkelnd 2,5 mm einen Magic-Ring fertigen und wie folgt fM in Rd häkeln:
1. Rd: 12 fM in den Ring, 1 Km in die 1. fM.
2. Rd: * 3 Lm, 1 M überspringen, 1 fM, ab * 6x arb. Die Rd mit 1 Km in die Km der Vor-Rd schließen.
3. Rd: * [1 hStb, 1 Stb, 2 DStb, 1 Lm, 1 Km in das 2. DStb, 1 DStb, 1 Stb, 1 hStb] um den 3-Lm-Bogen der Vor-Rd, ab * 6x arb. Die Rd mit 1 Km um den ersten 3-Lm-Bogen schließen. Faden trennen und durchziehen.
4. Rd (Ocean): Mit 1 Km um 1 fM zwischen 2 Lm-Bogen anschlingen. 1 fM und 2 Lm um jede fM zwischen den Lm-Bogen. Die Rd mit 1 Km in die 1. fM schließen.
5. Rd: * [1 fM, 1 hStb, 1 Stb, 1 hStb, 1 fM] um den 2-Lm-Bogen der Vor-Rd, ab * 6x arb. Die Rd mit 1 Km in den ersten 2-Lm-Bogen schließen. Faden trennen und durchziehen.

Blume mit runden Blütenblättern

In Weiß mit Häkelnd 2,5 mm einen Magic-Ring fertigen und wie folgt fM in Rd häkeln:
1. Rd: 12 fM in den Ring, 1 Km in die 1. fM. Faden trennen und durchziehen.
2. Rd (Phlox): Mit 1 Km an 1 fM anschlingen. * 3 Lm, 1 M überspringen, 1 fM, ab * 6x arb. Die Rd mit 1 Km in die Km der Vor-Rd schließen.
3. Rd: * [1 hStb, 1 Stb, 3 DStb, 1 Stb, 1 hStb] um den 3-Lm-Bogen der Vor-Rd, ab * 6x arb. Die Rd mit 1 Km um den ersten 3-Lm-Bogen schließen. Faden trennen und durchziehen.
4. Rd (Malve): Mit 1 Km zwischen zwei Lm-Bogen anschlingen und 1 fM und 2 Lm zwischen den Lm-Bogen arb. Die Rd mit 1 Km in die 1. fM schließen.
5. Rd: * [1 fM, 1 hStb, 1 Stb, 1 hStb, 1 fM] um den 2-Lm-Bogen der Vor-Rd, ab * 6x arb. Die Rd mit 1 Km in den ersten 2-Lm-Bogen schließen. Faden trennen und durchziehen.

Fertigstellen

Alle Fäden vernähen.

APPLIKATIONEN

APPLIKATIONEN

Hier bin ich der Kapitän!
Segelboot

GRÖSSE
ca. 5,5 cm

MATERIAL
* Schachenmayr Catania (LL 125 m/ 50 g) in Taupe (Fb 254), Weiß (Fb 106), Hellblau (Fb 173) und Regatta (Fb 261), Reste
* Häkelnadel 2,5 mm
* Stick- und Wollnadel

Luftmaschenketten behäkeln

Soweit nicht anders angegeben, die 1. M immer in die 2. Lm von der Nd aus arb.

ANLEITUNG

Rumpf

7 Lm mit Häkelnd 2,5 mm in Taupe anschl und in R häkeln, dabei am Ende jeder R 1 Wende-Lm arb.
1. R: 6 fM.
2. R: 2 fM in 1 M, 5 fM (= 7 fM).
3. R: 2 fM in 1 M, 6 fM (= 8 fM)
4. R: 2 fM in 1 M, 7 fM (= 9 fM).
5. R: 2 fM in 1 M, 7 fM, [1 fM, 1 Lm, 1 fM] in 1 M. Nicht wenden, sondern den Rumpf weiter umhäkeln wie folgt: 3 fM, [1 fM, 1 Lm, 1 fM] in 1 M, 4 fM, [1 fM, 1 Lm, 1 fM] in 1 M, 4 fM, mit 1 Km in die 1. fM der 5. R schließen.
Faden lang trennen und durchziehen (damit wird der Mast gehäkelt).

Segel links

In Weiß mit Häkelnd 2,5 mm an der 5. M von links am Rumpf anschlingen und fM in R häkeln, dabei am Ende jeder R 1 Wende-Lm arb.
1. R: 5 fM.
2. R: 2 fM zusammen abmaschen, 3 fM (= 4 fM).
3. R: 4 fM.
4. R: 2 fM zusammen abmaschen, 2 fM (= 3 fM).
5. R: 3 fM.
6. R: 2 fM zusammen abmaschen, 1 fM (= 2 fM).
7. R: 2 fM.
8. R: 2 fM zusammen abmaschen (= 1 fM).
9. R: 1 fM. Nicht wenden, sondern die lange, schräge Seite des Segels wie folgt behäkeln: 1 Lm, 8 fM, mit 1 Km in den Rumpf schließen.
Faden trennen und durchziehen.

Segel rechts

Auf der Rückseite des Rumpfs an der M neben der weißen Anschling-M mit Häkelnd 2,5 mm in Hellblau anschlingen und fM in R häkeln, dabei am Ende jeder R 1 Wende-Lm arb.
1. R: 4 fM.
2. R: 2 fM, 2 fM zusammen abmaschen (= 3 fM).
3. R: 3 fM.
4. R: 1 fM, 2 fM zusammen abmaschen (= 2 fM).
5. R: 2 fM.
6. R: 2 fM zusammen abmaschen (= 1 fM).
7. R: 1 fM, 1 Lm. Die Arbeit wenden und die lange, schräge Seite des Segels behäkeln: 7 fM, mit 1 Km in den Rumpf schließen.
Faden trennen und durchziehen.

Mast

Den Faden in Taupe vom Rumpf auf der Rückseite der Arbeit bis zwischen die beiden Segel führen und diese mit 8 fM mit Häkelnd 2,5 mm zusammenhäkeln, dann 1 fM nur in das Segel in Weiß und 2 Lm häkeln. Faden durchziehen.

Kleine Flagge

In Regatta an die 3. M von oben am Mast anschlingen, 1 Lm häkeln, dann 1 Stb in die nächste M, 1 Lm, 1 Km zurück in das in Stb, 1 Lm, mit 1 Km in die nächste M schließen. Faden trennen und durchziehen.

Fertigstellen

Alle Fäden vernähen.

Held in strahlender Rüstung
Ritter, Schild und Schwert

GRÖSSE
Ritter: ca. 10,5 cm
Schild: ca. 5 cm
Schwert: ca. 5,5 cm

MATERIAL
* Häkelnadel 2,5 mm
* Stick- und Wollnadel

RITTER
* Schachenmayr Catania (LL 125 m/50 g) in Silber (Fb 172), Soft Apricot (Fb 263), Stein (Fb 242) und Signalrot (Fb 115), Reste
* Anchor Sticktwist in Schwarz (Fb 403), Rest

SCHILD UND SCHWERT
* Schachenmayr Catania (LL 125 m/50 g) in Weiß (Fb 106), Signalrot (Fb 115) und Stein (Fb 242), Reste

Luftmaschenketten behäkeln

Soweit nicht anders angegeben, die 1. M immer in die 2. Lm von der Nd aus arb.

ANLEITUNG RITTER

Körper

14 Lm mit Häkelnd 2,5 mm in Stein anschl und fM in R häkeln, dabei am Ende jeder R 1 Wende-Lm arb.
1. R: 9 fM, die restlichen 4 Lm bleiben zunächst unbehäkelt.
2. R: 9 fM.
3. R: 9 fM, 5 Lm.
Anschließend den Körper wie folgt umhäkeln, dabei an der Beininnenseite beginnen: 4 fM in die 5-Lm-Kette (= erstes Bein, Innenseite), 1 M am Körper überspringen, 1 Km in den Körper, weiter auf die unbehäkelten 4 Anschlag-Lm: 3 fM, [1 fM, 1 Lm, 1 fM, 1 Lm, 1 fM] in 1 M, 3 fM (= zweites Bein). Weiter am Körper: 9 fM, 2 fM in 1 M (= Schulter), 2 fM, 2 fM in 1 M (= Schulter), 8 fM, dann 4 fM in die andere Seite des ersten Beins.
Die Arbeit wenden und wie folgt häkeln: 6 fM, 2 Lm, 1 Km in die 1. Lm, 1 hStb, 16 fM, 1 hStb, 1 Lm, 1 Km in das hStb, 1 Lm, 7 fM.
Faden trennen und durchziehen.

Arme

Den rechten Arm in Silber mit Häkelnd 2,5 mm an der 5. M über dem hStb anschlingen und 8 Lm anschl. Die 8-Lm-Kette wie folgt behäkeln: 6 hStb, [1 hStb, 2 Stb] in 1 Lm. Weiter am Körper: 1 M überspringen, 5 fM. Nun für den linken Arm 12 Lm anschl. Die 12-Lm-Kette wie folgt behäkeln: 4 hStb, 2 M überspringen, 3 hStb, 1 fM, 1 Km. 1 M am Körper überspringen, 1 Km. Faden trennen und durchziehen.

Hand (2x)

In Stein mit Häkelnd 2,5 mm an der 8. (rechter Arm) bzw. 12 Lm (linker Arm) anschlingen und jeweils wie folgt arb: 2 Lm, 2 Stb, 2 Lm, 1 Km häkeln. Faden trennen und durchziehen.

Schuh (2x)

In Stein mit Häkelnd 2,5 mm jeweils an der Beinaußenseite anschlingen und Richtung Bininnenseite wie folgt in R häkeln:
1. R: 3 fM, 1 Wende-Lm.
2. R: 3 fM, 3 Lm.
3. R: 1 Km in die 2. Lm, 4 fM.
Faden trennen und durchziehen.

Kopf

2 Lm mit Häkelnd 2,5 mm in Soft Apricot anschl und fM in R häkeln, dabei am Ende jeder R 1 Wende-Lm arb.
1. R: 3 fM in die 1. Lm.
2. R: 1 fM, 2 fM in 1 M, 1 fM (= 4 fM).
3.+4. R: 4 fM.
5. R: 3 fM, 3 fM in 1 M. Nicht wenden, sondern weiter wie folgt umhäkeln: 3 fM, 3 fM in die 1. Lm, 3 fM, 2 fM in 1 M, 1 Km in die 1. fM der 5. R.
Faden trennen und durchziehen.

Helm

Die unteren 4 M am Kopf bleiben unbehäkelt. Rechts davon mit 1 Km mit Häkelnd 2,5 mm nur im hinteren M-Glied anschlingen und wie folgt arb: 3 fM in das vordere M-Glied, 2 fM in 1 M nur ins vordere M-Glied, 1 fM, 1 hStb, [1 Stb, 1 DStb, 1 Lm, 1 Km in das DStb, 1 Stb] in 1 M, 1 hStb, 1 fM, 2 fM in 1 M, 2 fM nur in das hintere M-Glied, 1 Km. Faden trennen und durchziehen.
In Silber mit Häkelnd 2,5 mm an einem freien hinteren M-Glied am Oberkopf anschlingen und wie folgt arb: 1 fM, 1 hStb, 3 Stb in 1 M, 1 hStb, 1 fM, 1 Km. Faden lang trennen und durchziehen (zum

Aufsticken der Details am Helm verwenden). In Signalrot an das mittlere Stb am Helm anschl. und den Federbusch arb: 8 Lm anschl. Die Lm-Kette wie folgt behäkeln: 1 Km, 1 fM, 1 hStb, 3 hStb in 1 M, 1 hStb, 1 fM, 1 Km. Faden trennen und durchziehen.

Knie- und Ellenbogenschutz (je 2x)

Für den Knieschutz in Stein mit Häkelnd 2,5 mm einen Magic-Ring fertigen und wie folgt arb: 2 Lm, 6 hStb, 1 Km in die 2. Lm. Faden trennen und durchziehen.
Für den Ellenbogenschutz in Stein 3 Lm anschl. und wie folgt behäkeln: 2 hStb in die 1. Lm, 2 Lm, 1 Km. Faden trennen und durchziehen.

Fertigstellen

Alle Fäden vernähen und das Gesicht mit Stickgarn in Schwarz aufsticken. Details am Helm in Silber, Details auf der Rüstung in Stein aufsticken. Ellenbogen- und Knieschützer aufnähen.

Schild

2 Lm mit Häkelnd 2,5 mm in Weiß anschl und in R arb, dabei am Ende jeder R 1 Wende-Lm häkeln.
1. R: 3 fM in die 1. Lm.
2. R: 1 fM, 2 fM in 1 M, 1 fM (= 4 fM).
3. R: 1 fM, 2x je 2 fM in 1 M, 1 fM (= 6 fM).
4. R: 1 fM, 2 fM in 1 M, 2 fM, 2 fM in 1 M, 1 fM (= 8 fM).
5.-12. R: 8 fM.
13. R: 3 fM, 1 hStb und 1 Stb in 1 M, 1 Stb und 1 hStb in 1 M, 2 fM, [1 fM, 2 Lm, 1 fM] in 1 M. Nicht wenden, sondern den Schild weiter wie folgt umhäkeln: 10 fM, [1 fM, 2 Lm, 1 fM] in 1 M, 11 fM, 2 Lm, 1 Km in die 1. fM der 13. R. Faden trennen und durchziehen.

Fertigstellen

Alle Fäden vernähen. Das Wappen in Signalrot und Stein aufsticken.

Schwert

15 Lm mit Häkelnd 2,5 mm in Silber anschl und die Lm-Kette wie folgt behäkeln: 1 Km, 9 fM. Faden lang trennen (wird für die zweite Seite der Lm-Kette gebraucht). Für den Knauf Fb-Wechsel zu Stein, 3 Lm, 2 hStb in die 2. Lm, 1 Km, 3 fM, 1 Lm, [2 hStb, 2 Lm, 2 hStb] in 1 M, 1 Lm, 3 fM, 3 Lm, 2 hStb in die 2. Lm, 1 Km. Faden trennen und durchziehen. Fb-Wechsel zu Silber, die zweite Seite der Lm-Kette mit 8 fM behäkeln, mit 1 Km schließen. Faden durchziehen.

Fertigstellen

Alle Fäden vernähen. Evtl. Schild oder Schwert an die rechte Hand des Ritters nähen.

APPLIKATIONEN

Kleiner Blumenzauber
Blumenfee mit Zauberstab

GRÖSSE
Blumenfee: ca. 11 cm
Zauberstab: ca. 7 cm

MATERIAL
* Häkelnadel 2,5 mm
* Stick- und Wollnadel

BLUMENFEE
* Schachenmayr Catania (LL 125 m/50 g) in Gelbgrün (Fb 392), Soft Apricot (Fb 263), Weiß (Fb 106), Zartbitter (Fb 415), Jade (Fb 253) und Orchidee (Fb 222), Reste
* Anchor Sticktwist in Schwarz (Fb 403) und Rot (Fb 335), Reste

ZAUBERSTAB
* Schachenmayr Catania (LL 125 m/50 g) in Gelbgrün (Fb 392), Weiß (Fb 106), Jade (Fb 253) und Orchidee (Fb 222), Reste

Luftmaschenketten behäkeln

Soweit nicht anders angegeben, die 1. M immer in die 2. Lm von der Nd aus arb.

ANLEITUNG BLUMENFEE

Kleid

5 Lm in Gelbgrün mit Häkelnd 2,5 mm anschl und in R häkeln, dabei am Ende jeder R 1 Wende-Lm arb.
1.-5. R: 4 fM.
6. R: 2 fM in 1 M, 2 fM, 2 fM in 1 M (= 6 fM).
7. R: 2 fM in 1 M, 4 fM, 2 fM in 1 M (= 8 fM).
8. R: 8 fM.
9. R: 2 fM in 1 M, 6 fM, 2 fM in 1 M (= 10 fM).
10. R: 2 fM, 2 hStb, 2 Stb, 2 hStb, 2 fM.
11. R: * 1 fM, 2 Lm, ab * 9x arb, 2 fM in 1 M. Nicht wenden, sondern das Kleid weiter wie folgt umhäkeln: 9 fM, [1 fM, 1 Lm, 1 fM] in 1 M (= erste Schulter), 2 fM, [1 fM, 1 Lm, 1 fM] in 1 M (= zweite Schulter), 9 fM, 1 Km.
Faden trennen und durchziehen.

Kopf

2 Lm in Soft Apricot mit Häkelnd 2,5 mm anschl und in R häkeln, dabei am Ende jeder R 1 Wende-Lm arb.
1. R: 3 fM in die 1. Lm.
2. R: 1 fM, 2 fM in 1 M, 1 fM (= 4 fM).
3. R: 4 fM.
4. R: 3 fM, 3 fM in 1 M. Nicht wenden, sondern den Kopf weiter wie folgt umhäkeln: 2 fM, 3 fM in 1. Lm, 2 fM, 2 fM in 1 M, 1 Km in 1. M der 4. R.

Faden trennen und durchziehen.
Die unteren 5 M des Gesichts bleiben unbehäkelt. Rechts davon für die Haare in Zartbitter an hinteren M-Glied einer M anschlingen und wie folgt arb: 1 Lm, 2 fM ins hintere M-Glied, [1 hStb und 1 Stb in 1 M, 3x je 2 Stb in 1 M, 1 Stb und 1 hStb in 1 M] jeweils in beide M-Glieder arb, 2 fM nur ins hintere M-Glied, 1 Km nur ins hintere M-Glied. Faden lang trennen und hinter der Arbeit bis an die mittlere M am Oberkopf führen. In die Mittel-M 2 Lm, 5 Stb, 2 Lm, 1 Km arb. Faden durchziehen.

Arme

Rechts am Kleid in Soft Apricot mit Häkelnd 2,5 mm an der 2. M von oben anschlingen und 9 Lm arb. Die 9-Lm-Kette wie folgt behäkeln: [1 hStb, 1 Stb, 1 hStb, 1 Lm, 1 Km] in 1 M, 7 fM. Weiter am Kleid: 6 fM, 9 Lm. Die 9-Lm-Kette wie folgt behäkeln: [1 hStb, 1 Stb, 1 hStb, 1 Lm, 1 Km] in 1 M, 7 fM. Mit 1 Km ins Kleid enden.
Faden trennen und durchziehen.

Beine

Für das linke Bein in Soft Apricot mit Häkelnd 2,5 mm an 1 M am Kleidersaum anschlingen und 10 Lm arb. Die 10-Lm.-Kette wie folgt behäkeln: 2 fM, 3 fM in 1 M, 6 fM. Faden lang trennen, durchziehen, hinter der Arbeit entlangführen und für das rechte Bein in Soft Apricot an einer M am Kleidersaum anschlingen und 12 Lm arb. Die 12-Lm-Kette wie folgt behäkeln: 2 fM, 3 fM zusammen abmaschen, 6 fM. Faden durchziehen.

Flügel

40 Lm mit Häkelnd 2,5 mm in Weiß anschl. Faden trennen und durchziehen. Die beiden

31

Enden der Lm-Kette in die 20. Lm nähen, sodass zwei Schlaufen entstehen.

Fertigstellen

Alle Fäden vernähen. Flügel und Kopf annähen. Die Augen mit Stickgarn in Schwarz und den Mund in Rot aufsticken. 1 Faden in Orchidee mehrfach um den Dutt wickeln und verknoten. Details in Orchidee und Jade aufsticken.

ANLEITUNG ZAUBERSTAB

Für die Blüte in Gelbgrün mit Häkelnd 2,5 mm einen Magic-Ring fertigen und wie folgt in Rd arb:
1. Rd: 10 fM in den Ring, 1 Km in 1. fM.
2. Rd: * [1 fM, 1 hStb, 1 Stb] in 1 M, 1 Lm, [1 Stb, 1 hStb, 1 fM] in 1 M (= 1 Zacken), ab * 4x wdh (= insgesamt fünf Zacken). Faden trennen und durchziehen.
3. Rd (Jade): Am 1. hStb der 2. Rd anschlingen, * je 1 fM in das hStb und das Stb der Vor-Rd, die fM der Vor-Rd überspringen, [1 hStb, 1 Stb, 1 Lm, 1 Km in das Stb, 1hStb] in die Lm der Vor-Rd, je 1 fM in das hStb und das Stb der Vor-Rd, die fM der Vor-Rd überspringen, 1 fM tiefer gestochen in den Magic-Ring, ab * 4x wdh, 1 Km in die 1. fM der 3. Rd. Faden trennen und durchziehen. Für den Stab in Jade mit 1 Km an der Blüte anschlingen, 12 Lm anschl und diese mit 11 fM behäkeln.

Fertigstellen

Alle Fäden vernähen. Jeweils 4 ca. 15 cm lange Fäden in Orchidee und Weiß abschneiden und in der Mitte zusammenknoten. Die einzelnen Fäden durch die Mitte des Magic-Rings nach hinten durchziehen, sodass der Knoten die Blütenmitte bildet.

Schwammgarn

Supersüß und superpraktisch! Die farbenfrohen Häkelminis aus Schwammgarn dekorieren jedes Spül- und Waschbecken. Die hier verwendeten Garne dieser Art sind außerdem bei 60 °C waschbar, sodass die Freude an den selbstgehäkelten Schwämmen lange bestehen bleibt. Freuen Sie sich auf Seestern, Quietscheentchen und Co., die Ihnen im Haushalt oder bei einem entspannten Bad gerne zur Seite stehen.

Farbenfrohe Old School Scrubbies
mit vielen Lamellen für ganz viel Glanz

GRÖSSE
ca. 12 cm

MATERIAL
* Häkelnadel 3,0 mm
* Wollnadel ohne Spitze

VARIANTE 1
* Rico Creative Bubble (LL 90 m/50 g) in Puder (Fb 10), Gelb (Fb 02) und Hellblau (Fb 07), je 50 g

VARIANTE 2
* Rico Creative Bubble (LL 90 m/50 g) in Hellblau (Fb 07) und Melone (Fb 05), je 50 g

VARIANTE 3
* Rico Creative Bubble (LL 90 m/50 g) in Gelb (Fb 02) und Rot (Fb 06), je 50 g

Farbfolge 1

20 Lm in Puder anschl. Die 1.-3. R in Puder, die 4.+5. R in Gelb, die 6.+7. R in Hellblau arb. Die 2.-7. R noch 9x wdh.

Farbfolge 2

20 Lm mit Häkelnd 3,0 mm in Hellblau anschl. Die 1.-11. R in Hellblau, die 12.-21. R in Melone arb. Die 2.-21. R noch 2x wdh.

Farbfolge 3

20 Lm mit Häkelnd 3,0 mm in Gelb anschl. Die 1.-3. R in Gelb, die 4.-11. R in Rot arb. Die 2.-11. R 5x wdh.

ANLEITUNG

20 Lm und 1 Wende-Lm mit Häkelnd 3,0 mm in Puder, Hellblau oder Gelb anschl und nach der Fb-Folge 1, 2 oder 3 häkeln, die Arbeit wenden.
1. R: fM häkeln (= 20 fM), 1 Wende-Lm häkeln, Arbeit wenden.
2. R: Alle M nur in das vordere M-Glied der M der Vor-R häkeln: 2 fM, 1 hStb, 14 Stb, 1 hStb, 2 fM, 1 Wende-Lm, Arbeit wenden.
3. R: fM häkeln, dabei nur in das hintere M-Glied der Vor-R der M der 1. R stechen. 1 Wende-Lm häkeln, Arbeit wenden.
Die 2. und 3. R noch 29x wdh, dabei die Fb-Folge einhalten.
Fäden trennen und vernähen.

Fertigstellen

Die obere und untere Kante des entstandenen Rechtecks zueinander führen, sodass ein Zylinder entsteht und die Kanten aneinandernähen. An den offenen Kanten des nun entstandenen Zylinders ein farblich passendes Garn mit doppeltem Faden und einer Wollnadel jeweils durch alle Lamellenkanten führen und am Ende den Faden straffen, sodass sich die Kanten zusammenziehen. Fäden fest verknoten und sichern. Das Teil flach drücken und in Form bringen, damit sich die Lamellen nach außen spreizen. Einen Faden in der Mitte anschlingen und 20 Lm häkeln. Die Lm-Kette mit 1 Km wieder an das Scrubbie anschließen. Das Fadenende abschneiden, durchziehen und vernähen.

> **Tipp**
>
> Zum Zusammenziehen des Zylinders gegebenenfalls ein Nähgarn verwenden, da der Faden beim Straffen sehr fest zusammengezogen werden muss.

SCHWAMMGARN

SCHWAMMGARN

Herzige Schwämme
die liebevollen Putzhelfer

GRÖSSE
Herz mit Punkten: ca. 12 cm x 14 cm
Herz mit Streifen: ca. 12 cm x 16 cm

MATERIAL
* Rico Creative Bubble (LL 90 m/50 g) in Dunkelrot (Fb 18), 50 g und Pink (Fb 04), Rest
* Häkelnadel 3,0 mm
* Sticknadel
* 2 Samtbänder in Rosa, 0,8 cm breit, 20 cm lang

ANLEITUNG

Herz (2x)

In Dunkelrot mit Häkelnd 3,0 mm 3 Lm anschl. In R fM häkeln, nach jeder R mit 1 Lm wenden.
1. R: 2 fM häkeln, die 1. fM in die 2. Lm von der Nd aus arb.
2. R: 2 fM häkeln.
3. R: In die M der Vor-R je 2 fM häkeln (=4 fM).
4.-19. R: Für die Form beidseitig einzelne M zunehmen, dafür in die 1. und letzte M je 2 fM häkeln. In jeder 2. R 8x je 1 M zunehmen.
20.-22. R: 20 fM arb.
23. R: Zuerst den Herzbogen rechts von der Mitte über 10 fM häkeln. 2 M zusammen abmaschen, 6 fM, 2 M zusammen abmaschen (= 8 fM).
24. R: 8 fM arb.
25. R: 2 M zusammen abmaschen, 4 fM, 2 M zusammen abmaschen (= 6 fM).
26. R: 2 M zusammen abmaschen, 2 fM, 2 M zusammen abmaschen (= 4 fM).
Für den 2. Herzbogen den Faden in der Mitte anschlingen und 1 Lm häkeln, dann die 23.-26. R wie zuvor arb.
Den Faden trennen und vernähen.

Punkte

In Rosa je 4 Spannstiche um 1 fM sticken. Die Punkte unregelmäßig anordnen.

Streifen

In Rosa mit Häkelnd 3,0 mm Km-Linien aufhäkeln, dabei liegt der Faden unter dem Herz. Zwischen der 5. und 6. R beginnen. Die Schlinge nach oben holen, nach der nächsten M einstechen, eine Schlinge holen und durch die auf der Nd liegende Schlinge ziehen, usw. Die Linien mit je 3 R Abstand aufhäkeln.

Fertigstellen

Die beiden Herzformen – Vorderseite oben liegend – in Dunkelrot zusammenhäkeln, dafür abwechselnd 1 fM und 1 Lm häkeln und an den seitlichen Kanten die fM in jede 2. R arb. Anschließend von der Rückseite aus in Rosa mit Km umhäkeln, dabei nur die nach oben gerichteten M-Glieder erfassen. Faden vernähen. Das Samtband zur Schlaufe legen und zwischen den Herzbogen auf der Rückseite annähen.

Kleiner Goldfisch

fühlt sich auch in der Badewanne wohl

GRÖSSE
ca. 8 cm x 9 cm

MATERIAL
* Rico Creative Bubble (LL 90 m/ 50 g) in Gelb (Fb 02) und Metallic Gold (Fb 15), Reste
* Anchor Sticktwist in Schwarz (Fb 403), Rest
* Häkelnadel 3,0 mm
* Schwammgarnreste zum Befüllen
* Nähgarn in Schwarz

ANLEITUNG

Körper mit Schwanzflosse

In Gelb mit Häkelnd 3,0 mm 2 Lm anschl. Alle folgenden Rd jeweils mit 1 Lm beginnen und mit 1 Km schließen. In Rd fM häkeln.
1. Rd: 6 fM in die 2. Lm häkeln (= 6 fM).
2. Rd: Jede M verdoppeln (= 12 fM).
3. Rd: Jede 4. M verdoppeln (= 15 fM).
4. Rd: Jede 5. M verdoppeln (= 18 fM).
5. Rd: Jede 6. M verdoppeln (= 21 fM).
6.-9. Rd: 21 fM häkeln.
10. Rd: Jede 6. und 7. M zusammen abmaschen (= 18 fM).
11. Rd: Jede 5. und 6. M zusammen abmaschen (= 15 fM).
12. Rd: Jede 4. und 5. M zusammen abmaschen (= 12 fM).
13. Rd: Jede 2. und 3. M zusammen abmaschen (= 8 fM).
Mit Schwammgarnresten ausstopfen.
Für die Schwanzflosse wie folgt weiterarb:
14. Rd: 3 Wende-Lm (= 1. Stb), in die 1. M [1 Stb, 1 hStb] arb, 2 Km, in 1 M [1 hStb, 2 Stb], in 1 M [2 Stb, 1 hStb], 2 Km, in 1 M [1 hStb, 2 Stb] (= 16 M).
15. Rd: 2 Wende-Lm (= 1. hStb), in gleiche M 1 hStb arb, dann 1 fM, 4 Km, in 1 M 2 hStb, in 1 M [2 hStb, 1 fM, 4 Km], 1 fM, in 1 M 2 hStb häkeln (= 20 M).
Für die glänzende Schwanzspitze in Metallic Gold wie folgt häkeln:
16. Rd: 1 Lm, 1 Km, 1 Lm, 1 Km, 1 Lm, 5 Km, * 1 Lm, 1 Km, ab * 4x wdh, * 1 Lm, 5 Km, ab * 2x wdh.
Faden trennen und vernähen.

Flosse (2x)

In Gelb mit Häkelnd 3,0 mm 3 Lm anschl. In die 2. Lm von der Nd aus 1 fM, in die 3. Lm 2 fM häkeln (= 3 fM).
Für die glänzende Flossenspitze in Metallic Gold wie folgt häkeln:
1. R: 3 Lm, 1 Km, 2 Lm, 1 Km, 1 Lm, 1 Km arb. Faden trennen.

Fertigstellen

Einen Mund und die Augen mit Stickgarn in Schwarz aufsticken. Die Schwanzflossen nicht ausstopfen, sondern flach aufeinanderdrücken und zusammennähen. Die Flossen als obere und untere Flossen annähen.

SCHWAMMGARN

Schäumender Seestern

Meeresbewohner aus dem Knäuel

GRÖSSE
ca. 12 cm

MATERIAL
* Häkelnadel 4,0 mm
* Schwammgarnreste zum Befüllen

VARIANTE 1
* Rellana Funny Scrub (LL 100 m/50 g) in Blau (Fb 12), 50 g

VARIANTE 2
* Rellana Funny Scrub (LL 100 m/50 g) in Lachs (Fb 68), 50 g

ANLEITUNG

Einen Magic-Ring mit Häkelnd 4,0 mm fertigen.

1. Rd: 3 Lm häkeln und 9 Stb in den Magic-Ring arb, die Rd mit 1 Km in die 3. Lm schließen und den Anfangsfaden festziehen.

2. Rd: * 9 Lm arb. In die 7. und 6. Lm von der Nd aus je 1 fM häkeln. In die 5., 4. und 3. Lm je 1 hStb arb, in die 2. und 1. Lm je 1 Stb arb. Mit 1 Km in das übernächste Stb der Vor-Rd sichern, ab * noch 4x wdh.

3. Rd: 7 fM in die Rückseite der Lm, 1 fM in die Spitze, 7 fM.

4. Rd: 14 fM, * 2 fM zusammen abmaschen, 13 fM, ab * noch 3x wdh, am Ende die letzte fM mit der 1. M zusammen abmaschen. Den Faden trennen.

Den Stern 2x häkeln.

Fertigstellen

Die Sterne links auf links zusammenlegen und mit Überwendlingsstichen zusammennähen. Eine kleine Öffnung lassen und den Stern mit Garnresten ausstopfen, dann die Naht ganz schließen. Den Faden vernähen.

Tipp

Um die Arme der Seesterne noch etwas spitzer zu formen, können Sie mit einer Stopfnadel und farblich passendem Garn 2–3x quer durch die einzelnen Armenden nähen, damit sie sich zusammenziehen und spitzer werden. Fadenenden vernähen.

Badeenten-Badespaß

quietschgelber Klassiker

GRÖSSE
ca. 13 cm x 10 cm

MATERIAL
* Rellana Funny Scrub (LL 100 m/ 50 g) in Gelb (Fb 21) und Lachs (Fb 68), je 50 g
* Häkelnadeln 4,0 mm, 3,0 mm und 2,5 mm
* Anchor Sticktwist in Schwarz (Fb 403), Rest
* Wollnadel ohne Spitze
* Schwammgarnreste zum Befüllen

ANLEITUNG

Kopf und Körper

Für den Kopf mit Häkelnd 3,0 mm in Gelb 2 Lm anschl. Dann fM in Spiral-Rd häkeln, den Rd-Anfang mit einem Kontrastfaden markieren.

1. Rd: 6 fM in die 2. Lm ab Nd häkeln.
2. Rd: Jede fM verdoppeln (= 12 fM).
3. Rd: Jede 2. fM verdoppeln (= 18 fM).
4. Rd: Jede 3. fM verdoppeln (= 24 fM).
5. Rd: Jede 4. fM verdoppeln (= 30 fM).
6.-9. Rd: 30 fM häkeln.
10. Rd: Jede 4. und 5. fM zusammen abmaschen (= 24 fM).
11. Rd: Jede 3. und 4. fM zusammen abmaschen (= 18 fM).
12. Rd: Jede 2. und 3. fM zusammen abmaschen (= 12 fM).
13.+14. Rd: 12 fM häkeln (= Hals).
15. Rd: Jede fM verdoppeln (= 24 fM).
16. Rd: Jede 2. fM verdoppeln (= 36 fM).
Den Kopf mit Garnresten ausstopfen und den Bauch häkeln.
17. Rd: Jede 3. fM verdoppeln (= 48 fM).
18.-22. Rd: 48 fM häkeln.
23. Rd: Jede 5. und 6. fM zusammen abmaschen (= 40 fM).
24. Rd: Jede 4. und 5. fM zusammen abmaschen (= 32 fM).
25. Rd: Jede 3. und 4. fM zusammen abmaschen (= 24 fM).
26. Rd: Jede 2. und 3. fM zusammen abmaschen (= 16 fM).
Den Rest des Körpers mit Garnresten ausstopfen und den Körper mit den folgenden 2 Rd schließen:
27. Rd: Je 2 fM zusammen abmaschen (= 8 fM).
28. Rd: Je 2 fM zusammen abmaschen (= 4 fM).
Nun das Teil beenden, dazu den Faden trennen und vernähen.

Bürzel

In der Mitte beginnen und fM in Spiral-Rd häkeln. Mit Häkelnd 3,0 mm in Gelb 2 Lm anschl.

1. Rd: 6 fM in die 2. Lm von der Nd aus häkeln.
2. Rd: Jede fM verdoppeln (= 12 fM).
3. Rd: Jede 4. fM verdoppeln (= 15 fM).
4. Rd: Jede 5. fM verdoppeln (= 18 fM).
5. Rd: Jede 6. fM verdoppeln (= 21 fM).
6. Rd: Jede 7. fM verdoppeln (= 24 fM).
7. Rd: 24 fM häkeln.
8. Rd: Jede 8. fM verdoppeln (= 27 fM).
9. Rd: Jede 9. fM verdoppeln (= 30 fM).
10. Rd: Jede 10. fM verdoppeln (= 33 fM).
11. Rd: Jede 11. fM verdoppeln (= 36 fM).
12. Rd: 36 fM häkeln.
Den Bürzel beenden, dazu den Faden trennen und vernähen.

Schnabel

An der Spitze beginnen und fM in Spiral-Rd arb. Mit Häkelnd 2,5 mm in Lachs 2 Lm anschl.

1. Rd: 6 fM in die 2. Lm ab Nd häkeln.
2. Rd: Jede 2. fM verdoppeln (= 9 fM).
3. Rd: 9 fM häkeln.
4. Rd: Jede 3. fM verdoppeln (= 12 fM).
5. Rd: 12 fM häkeln.
Den Schnabel beenden, dazu den Faden trennen und vernähen.

Flügel (2x)

In der Mitte beginnen und fM in Spiral-Rd häkeln. Mit Häkelnd 3,0 mm in Gelb 2 Lm anschl.

1. Rd: 6 fM in die 2. Lm ab Nd häkeln.
2. Rd: Jede fM verdoppeln (= 12 fM).
3. Rd: Jede 2. fM verdoppeln (= 18 fM).
4. Rd: Jede 3. fM verdoppeln (= 24 fM).
Den Flügel beenden, dazu den Faden trennen und vernähen.

Fertigstellen

Den Bürzel ausstopfen und hinten am Körper festnähen, sodass die kleine Öffnung verdeckt wird. Anschließend den Schnabel an den Kopf nähen. Die Augen mit schwarzem Stickgarn im Knötchenstich aufsticken. Die Flügel seitlich an den Körper nähen, dabei nur ca. 2/3 des Rands festnähen, sodass sie hinten ein klein wenig abstehen.

> **Tipp**
>
> Zum Quietschen können Sie auch eine Rassel oder einen Quietscher aus dem Bastelladen mit in den Körper einarbeiten.

Fröhlich-fruchtige Melone

nicht nur im Sommer ein Hingucker

GRÖSSE
ca. 7 cm x 12 cm

MATERIAL
* Rellana Funny Scrub (LL 100 m/50 g) in Pink (Fb 34), 50 g, und in Grün (Fb 05) und Schwarz (Fb 02), Reste
* Schwammgarnreste zum Befüllen
* Häkelnadel 3,5 mm
* Wollnadel ohne Spitze

ANLEITUNG

In Pink 2 Lm anschl und 6 fM in die 2. M von der Häkelnd aus arb. Mit 1 Km zur Rd schließen.
In Spiral-Rd weiterarb.
1. Rd: Jede M verdoppeln (= 12 fM).
2. Rd: Jede 2. M verdoppeln (= 18 fM).
3. Rd: Jede 3. M verdoppeln (= 24 fM).
4. Rd: Jede 4. M verdoppeln (= 30 fM).
5. Rd: Jede 5. M verdoppeln (= 36 fM).
6. Rd: Jede 6. M verdoppeln (= 42 fM).
7. Rd: Jede 7. M verdoppeln (= 48 fM).
8. Rd: Jede 8. M verdoppeln (= 54 fM).
9. Rd: Jede 9. M verdoppeln (= 60 fM).
Nun in Grün weiterhäkeln.
10. Rd: Jede 10. M verdoppeln (= 66 fM).
11. Rd: Jede 11. M verdoppeln (= 72 fM).
Anschließend in R weiterhäkeln.
12. R: Mit 1 Wende-Lm beginnen. Die folgenden M jeweils auf die M der Vor-R häkeln:
6 fM, 7 hStb, 10 Stb, 7 hStb und 6 fM,
13. R: 1 Wende-Lm häkeln, 13 fM, 10 hStb und 13 fM arb.
Die Arbeit beenden, den Faden mit ca. 20 cm Länge abschneiden.

Fertigstellen

Die Melonenscheibe doppelt legen und die grünen Ränder mit Hilfe des Fadens zusammennähen. Eine kleine Öffnung frei lassen und die Melonenscheibe mit Schwammgarnresten befüllen. Zum Schluss die Öffnung mit Hilfe des Fadens schließen und den Faden gut vernähen. Die Kerne in Schwarz aufsticken.

Glücksbringer

Ein bisschen Glück kann nie schaden! Kleeblatt, Schweinchen und Co. sorgen für eine extragroße Portion davon. Wer für noch mehr Glück sorgen will, häkelt gleiche mehrere Glücksminis und verschenkt sie an besondere Menschen.

Vierblättriges Kleeblatt
für besonders brenzlige Situationen

GRÖSSE
ca. 6 cm x 5 cm

MATERIAL
* Anchor Sticktwist in Grün (Fb 241), 3 Strg und Schwarz (Fb 403), Rest
* Häkelnadel 0,6 mm
* 2 Glasperlen in Schwarz, ø 0,3 mm
* Füllwatte
* Schlüsselring

ANLEITUNG

Kleeblattmitte

In Grün mit Häkelnd 0,6 mm 2 Lm anschl und 5 fM in die 2. M von der Häkelnd aus arb. Mit 1 Km zur Rd schließen.
1. Rd: Jede M verdoppeln (= 10 fM).
2. Rd: Jede 2. M verdoppeln (= 15 fM).
3. Rd: Jede 3. M verdoppeln (= 20 fM).
4.+5. Rd: 20 fM häkeln.
6. Rd: Jede 3. und 4. M zusammenhäkeln (= 15 fM).
7. Rd: Jede 2. und 3. M zusammenhäkeln (= 10 fM).
8. Rd: Stets 2 M zusammenhäkeln (= 5 fM).
Die Arbeit beenden, den Faden mit einem längeren Ende abschneiden. Die Kleeblattmitte mit etwas Füllwatte ausstopfen und die Öffnung mithilfe des Fadens schließen.

Blatt (4x)

In Grün mit Häkelnd 0,6 mm 2 Lm anschl und 8 fM in die 2. M von der Häkelnd aus arb. Mit 1 Km zur Rd schließen.
1. Rd: Jede M verdoppeln (= 16 fM).
2. Rd: Jede 2. M verdoppeln (= 24 fM).
3.+4. Rd: 24 fM häkeln.
5. Rd: Jede 2. und 3. M zusammenhäkeln (= 16 fM).
6. Rd: 16 fM häkeln.
Die Arbeit beenden, den Faden mit einem längeren Ende abschneiden. Das Blatt flach hinlegen und mit dem Faden an der Kleeblattmitte annähen. Noch 3 weitere Blätter häkeln. Ebenfalls an der Kleeblattmitte annähen. Für den Stiel ein wenig Platz lassen.

Stiel

Für den Stiel mit Häkelnd 0,6 mm in Grün 6 Lm anschl und mit 1 Km zur Rd schließen. In Rd mit jeweils 6 fM arb, bis der Stiel eine Länge von ca. 2,5 cm hat. Nun den Stiel an der freien Stelle des Kleeblattes annähen.

Fertigstellen

Als Augen zwei schwarze Glasperlen annähen. Mit Stickgarn in Schwarz den Mund und die Augenbrauen aufsticken. Zum Schluss noch den Schlüsselring annähen.

GLÜCKSBRINGER

GLÜCKSBRINGER

Vorsicht Fliegenpilz
gut verborgen im Dickicht

GRÖSSE
ca. 4 cm x 3 cm

MATERIAL
* Anchor Sticktwist in Weiß (Fb 01), 1 ½ Strg, Rot (Fb 46), 1 Strg und Schwarz (Fb 403), Rest
* Häkelnadel 0,6 mm
* Füllwatte
* 2 Glasperlen in Schwarz, ø 0,4 mm
* Schlüsselring

ANLEITUNG

Pilzhut

In Rot mit Häkelnd 0,6 mm 2 Lm anschl und 8 fM in die 2. M von der Häkelnd aus häkeln. Mit 1 Km zur Rd schließen.
1. Rd: Jede M verdoppeln (= 16 fM).
2. Rd: Jede 2. M verdoppeln (= 24 fM).
3. Rd: Jede 3. M verdoppeln (= 32 fM).
4. Rd: Jede 4. M verdoppeln (= 40 fM).
5.-8. Rd: 40 fM häkeln.
9. Rd: Jede 4. und 5. M zushäkeln (= 32 fM).
10. Rd: In Weiß jede 3. und 4. M zusammenhäkeln (= 24 fM).
11. Rd: Jede 2. und 3. M zusammenhäkeln (= 16 fM).
12. Rd: Immer 2 M zusammenhäkeln (= 8 fM).
Die Arbeit beenden, den Faden mit einem längeren Ende abschneiden. Den Pilzhut mit Füllwatte ausstopfen und die Öffnung anschließend mit dem Faden schließen.

Pilzfuß

In Weiß mit Häkelnd 0,6 mm 2 Lm anschl und 5 fM in die 2. M von der Häkelnd aus häkeln. Mit 1 Km zur Rd schließen.
1. Rd: Jede M verdoppeln (= 10 fM).
2. Rd: Jede 2. M verdoppeln (= 15 fM).
3. Rd: Jede 3. M verdoppeln (= 20 fM).
4. Rd: Jede 4. M verdoppeln (= 25 fM).
5.+6. Rd: 25 fM häkeln.
7. Rd: Jede 4. und 5. M zusammenhäkeln (= 20 fM).
8. Rd: 20 fM häkeln.
9. Rd: Jede 3. und 4. M zusammenhäkeln (= 15 fM).
10. Rd: 15 fM häkeln.
Die Arbeit beenden, den Faden mit einem längeren Ende abschneiden. Den Pilzfuß mit Füllwatte ausstopfen und anschließend mit dem Faden am Pilzhut annähen.

Flecken

Hinweis Die Angaben für kleine Flecken stehen vor dem Schrägstrich, die Angaben für große Flecken nach dem Schrägstrich. Steht nur eine Angabe, gilt diese für beide Größen.

2 Lm mit Häkelnd 0,6 mm anschl und 5/7 fM in die 2. M von der Häkelnd aus häkeln. Mit 1 Km zur Rd schließen. Die M verdoppeln (10/14 fM). Die Arbeit beenden, den Faden mit ca. 15 cm Länge abschneiden. Beliebig viele Flecken arb und auf dem Hut annähen.

Fertigstellen

Als Augen zwei schwarze Glasperlen annähen. Mit Stickgarn in Schwarz den Mund und die Augenbrauen aufsticken und zum Schluss den Schlüsselring am Kopf des Fliegenpilzes annähen.

Goldene Sonnenblume
leuchtet am Wegesrand

GRÖSSE
ca. 9 cm

MATERIAL
- Anchor Sticktwist in Gelb (Fb 289) und Braun (Fb 358), je 1 Strg und Schwarz (Fb 403), Rest
- Häkelnadel 0,6 mm
- 2 Glasperlen in Schwarz, ø 0,4 mm
- Füllwatte
- Schlüsselring

ANLEITUNG

Blütenmitte

In Braun mit Häkelnd 0,6 mm 2 Lm anschl und 6 fM in die 2. M von der Häkelnd aus arb. Mit 1 Km zur Rd schließen.
1. Rd: Jede M verdoppeln (= 12 fM).
2. Rd: Jede 2. M verdoppeln (= 18 fM).
3. Rd: Jede 3. M verdoppeln (= 24 fM).
4. Rd: Jede 4. M verdoppeln (= 30 fM).
5.+6. Rd: 30 fM häkeln.
7. Rd: In Braun jede 4. und 5. M zusammenhäkeln (= 24 fM).
8. Rd: Jede 3. und 4. M zusammenhäkeln (= 18 fM).
9. Rd: Jede 2. und 3. M zusammenhäkeln (= 12 fM).
10. Rd: Immer 2 M zusammenhäkeln (= 6 fM).
Die Arbeit beenden, den Faden mit einem längeren Ende abschneiden. Mit Füllwatte ausstopfen und anschließend die Öffnung mit dem Faden schließen.

Blütenblatt (8x)

In Gelb mit Häkelnd 0,6 mm 2 Lm anschl und 4 fM in die 2. M von der Häkelnd aus arb. Mit 1 Km zur Rd schließen.
1. Rd: Jede M verdoppeln (= 8 fM).
2. Rd: 8 fM häkeln.
3. Rd: Jede 2. M verdoppeln (= 12 fM).
4. Rd: Jede 3. M verdoppeln (= 16 fM).
5.-8. Rd: 16 fM häkeln.
9. Rd: Jede 3. und 4. M zusammenhäkeln (= 12 fM).
10. Rd: 12 fM häkeln.
11. Rd: Jede 2. und 3. M zusammenhäkeln (= 8 fM).
12. Rd: 8 fM häkeln.
Die Arbeit beenden, den Faden mit einem längeren Ende abschneiden. Das Blatt flach hinlegen und mit dem Faden an der Blütenmitte annähen. Noch weitere 7 Blätter arb und rund um die Blütenmitte nähen.

Fertigstellen

Als Augen zwei schwarze Glasperlen annähen und mit Stickgarn in Schwarz den Mund und die Augenbrauen aufsticken. Zum Schluss noch an einem der Blütenblätter den Schlüsselring annähen.

GLÜCKSBRINGER

Zu sauberes Schweinchen
auf der Suche nach einer Schlammpfütze

GRÖSSE
ca. 4,5 cm x 3,5 cm

MATERIAL
* Anchor Sticktwist in Rosa (Fb 25), 3 Strg und Schwarz (Fb 403), Rest
* Häkelnadel 0,6 mm
* 2 Glasperlen in Schwarz, ø 0,4 mm
* Füllwatte
* Schlüsselring

ANLEITUNG

Kopf

In Rosa mit Häkelnd 0,6 mm 2 Lm anschl und 6 fM in die 2. M von der Häkelnd aus arb. Mit 1 Km zur Rd schließen.
1. Rd: Jede M verdoppeln (= 12 fM).
2. Rd: Jede 2. M verdoppeln (= 18 fM).
3. Rd: Jede 3. M verdoppeln (= 24 fM).
4. Rd: Jede 4. M verdoppeln (= 30 fM).
5.-7. Rd: 30 fM häkeln.
8. Rd: Jede 4. und 5. M zusammenhäkeln (= 24 fM).
9. Rd: Jede 3. und 4. M zusammenhäkeln (= 18 fM).
10. Rd: Jede 2. und 3. M zusammenhäkeln (= 12 fM).
11. Rd: Je 2 M zusammenhäkeln (= 6 fM).
Die Arbeit beenden, den Faden mit einem längeren Ende abschneiden. Den Kopf mit Füllwatte ausstopfen und anschließend die Öffnung mit dem Faden schließen.

Körper

In Rosa mit Häkelnd 0,6 mm 2 Lm anschl und 5 fM in die 2. M von der Häkelnd aus arb. Mit 1 Km zur Rd schließen.
1. Rd: Jede M verdoppeln (= 10 fM).
2. Rd: Jede 2. M verdoppeln (= 15 fM).
3. Rd: Jede 3. M verdoppeln (= 20 fM).
4.+5. Rd: 20 fM häkeln.
6. Rd: Stets 2 M zusammenhäkeln (= 10 fM).
7.+8. Rd: 10 fM häkeln.
Die Arbeit beenden, den Faden mit einem längeren Ende abschneiden. Den Körper mit Füllwatte ausstopfen und anschließend mit dem Faden am Kopf annähen.

Hinterpfote (2x)

In Rosa mit Häkelnd 0,6 mm 2 Lm anschl und 6 fM in die 2. M von der Häkelnd aus arb. Mit 1 Km zur Rd schließen.
1. Rd: Jede M verdoppeln (= 12 fM).
2.-4. Rd: 12 fM häkeln.
Die Arbeit beenden, den Faden mit einem längeren Ende abschneiden. Die Hinterpfote mit Füllwatte ausstopfen und mit dem Faden am Körper annähen. Die 2. Hinterpfote genauso arb und annähen.

Vorderpfote (2x)

2 Lm mit Häkelnd 0,6 mm anschl und 5 fM in die 2. M von der Häkelnd aus arb. Mit 1 Km zur Rd schließen.
1. Rd: Jede M verdoppeln (= 10 fM).
2.-4. Rd: 10 fM häkeln.
Die Arbeit beenden, den Faden mit einem längeren Ende abschneiden. Die Vorderpfote mit Füllwatte ausstopfen und anschließend mit dem Faden am Körper annähen. Die 2. Vorderpfote genauso arb und am Körper annähen.

Ohr (2x)

4 Lm + 3 Wende-Lm mit Häkelnd 0,6 mm häkeln, 4 Stb häkeln und zusammen abmaschen. Zum Schluss diese Seite mit 5 Km umhäkeln. Die Arbeit beenden und mit dem Faden auf dem Kopf annähen. Das 2. Ohr genauso arb und annähen.

Schnäuzchen

2 Lm mit Häkelnd 0,6 mm anschl und 5 fM in die 2. M von der Häkelnd aus arb. Mit 1 Km zur Rd schließen.
1. Rd: Jede M verdoppeln (= 10 fM).
2. Rd: Jede 2. M verdoppeln (= 15 fM).
3. Rd: 15 fM häkeln.
Die Arbeit beenden, den Faden mit einem längeren Ende abschneiden. Das Schnäuzchen zu drei Vierteln in der Mitte des Kopfes annähen, mit Füllwatte ausstopfen und anschließend die Öffnung mit dem Faden schließen.

Kringelschwänzchen

10 Lm + 1 Wende-Lm mit Häkelnd 0,6 mm anschl, wenden und 10 fM häkeln. Das Schwänzchen am Hinterteil des Schweinchens annähen.

Fertigstellen

Als Augen zwei schwarze Glasperlen annähen. Das Gesicht mit Stickgarn in Schwarz aufsticken und den Schlüsselring am Kopf des Schweinchens annähen.

Schlaue Marienkäfer

sollten Punkte zählen

GRÖSSE
ca. 3,5 cm x 5 cm

MATERIAL
* Schachenmayr Catania (LL 125 m/ 50 g) in Signalrot (Fb 115) und Schwarz (Fb 110), je 50 g
* Häkelnadel 2,0 mm
* Füllwatte
* Bastelfilz in Weiß
* 2 Halbperlen in Schwarz, ø 4 mm
* 7 Halbperlen in Schwarz, ø 6 mm
* Schmucksteinkleber

ANLEITUNG

Körper

In Signalrot mit Häkelnd 2,0 mm 2 Lm anschl.
1. Rd: 6 fM in die 2. Lm von der Nd aus arb. Alle folgenden Rd in Spiral-Rd arb.
2. Rd: Jede M verdoppeln (= 12 fM).
3. Rd: Jede 2. M verdoppeln (= 18 fM).
4. Rd: Jede 6. M verdoppeln (= 21 fM).
5. Rd: Jede 7. M verdoppeln (= 24 fM).
6.-8. Rd: 24 fM häkeln.
9. Rd: 24 fM häkeln, dabei nur in die vorderen M-Glieder einstechen. Mit 1 Km in die nächste M schließen.
Faden trennen und durchziehen.
10. Rd (Schwarz): In die hinteren M-Glieder der Vor-Rd häkeln, dabei jede 5. und 6. M zusammenhäkeln (= 20 fM).
11. Rd: Jede 3. und 4. M zusammenhäkeln (= 15 fM).
Den Körper mit Füllwatte ausstopfen.
12. Rd: 1 fM häkeln, 7x je 2 M zusammenhäkeln (= 8 fM).
Den Faden trennen, durchziehen und die Fäden vernähen.

Kopf

In Schwarz mit Häkelnd 2,0 mm 2 Lm anschl.
1. Rd: 6 fM in die 2. Lm von der Nd aus arb. Alle folgenden Rd in Spiral-Rd arb.
2. Rd: Jede M verdoppeln (= 12 fM).
3. Rd: Jede 4. M verdoppeln (= 15 fM).
4.+5. Rd: 15 fM häkeln.
6. Rd: Jede 2. und 3. M zusammenhäkeln (= 10 fM).
Mit Füllwatte ausstopfen. Den Kopf mit 1 Km in die nächste M beenden. Den Faden 30 cm lang abschneiden und durchziehen.

Fertigstellen

Den Kopf am Körper annähen und den Körper in Schwarz besticken. Anschließend mit demselben Faden die Fühler anbringen. Dazu den Faden an der gewünschten Stelle austreten lassen, solange verdrehen, bis er zur Kordel wird, an derselben Stelle wieder einstechen und durchziehen, bis der Fühler die gewünschte Länge hat. Einen zweiten Fühler arbeiten und dann den Faden vernähen. Die Filzkreise dicht nebeneinander am Kopf festkleben und die Halbperlen auf die Filzkreise kleben. Den Körper mit den größeren Halbperlen bekleben. Mit dem signalroten Häkelgarn Nase und Mund aufsticken.

GLÜCKSBRINGER

Gute-Laune-Monster
leuchten bunt im Dunkeln

GRÖSSE
ca. 4 cm x 8 cm

MATERIAL
* Schachenmayr Catania (LL 125 m/50 g) in Hyazinth (Fb 240), Royal (Fb 201), Anis (Fb 245), Orchidee (Fb 222) und Orange (Fb 281), Reste
* Häkelnadel 2,5 mm
* Füllwatte
* Sicherheitsaugen in Schwarz, ø 2,0 mm, 5,0 mm und 10,0 mm
* Nähgarn in Schwarz
* Bastelfilz in Weiß, Schwarz und Rot
* Knöpfe in verschiedenen Farben und Formen

ANLEITUNG

Körper

In der gewünschten Fb einen Magic-Ring mit Häkelnd 2,5 mm anschl. Weiter in Spiral-Rd arb.
1. Rd: 6 fM häkeln.
2. Rd: Jede M verdoppeln (= 12 fM).
3. Rd: Jede 2. M verdoppeln (= 18 fM).
4. Rd: Jede 3. M verdoppeln (= 24 fM).
5. Rd: Jede 4. M verdoppeln (= 30 fM).
6. Rd: Jede 5. M verdoppeln (= 36 fM).
7.-9 Rd 36 fM häkeln.
10. Rd: * 4 fM, 2 fM zusammenhäkeln, ab * fortlaufend wdh (= 30 fM).
11. Rd: * 3 fM, 2 fM zusammenhäkeln, ab * fortlaufend wdh (= 24 fM).
12. Rd: * 2 fM, 2 fM zusammenhäkeln, ab * fortlaufend wdh (= 18 fM).
13. Rd: 18 fM häkeln.
14. Rd: * 1 fM, 2 fM zusammenhäkeln, ab * fortlaufend wdh (= 12 fM).
15. Rd: 12 fM häkeln.
16. Rd: * 4 fM, 2 fM zusammenhäkeln, ab * fortlaufend wdh (= 10 fM).
17. Rd: * 3 fM, 2 fM zusammenhäkeln, ab * fortlaufend wdh (= 8 fM).
Körper mit Füllwatte ausstopfen.
18. Rd: Fortlaufend 2 fM zusammenhäkeln (= 4 fM). Mit 1 Km schließen.
Faden trennen und durchziehen.

Fuß mit Bein (2x)

In der gleichen Fb einen Magic-Ring mit Häkelnd 2,5 mm anschl. Weiter in Spiral-Rd arb.
1.-4. Rd: 8 fM häkeln.
Fuß mit Füllwatte ausstopfen.
5. Rd: Je 2 fM zusammen abmaschen (= 4 fM).
6. Rd: Je 2 fM zusammen abmaschen (= 2 fM).
7. Rd: Die 2 fM zusammen abmaschen und 6 Lm für das Bein arb.
Faden etwa 30 cm lang abschneiden und durchziehen.

Hand mit Arm (2x)

In der gleichen Fb einen Magic-Ring mit Häkelnd 2,5 mm anschl. Weiter in Spiral-Rd arb.
1.-3. Rd: 6 fM häkeln.
Arm mit Füllwatte ausstopfen.
4. Rd: Je 2 fM zusammen abmaschen (= 3 fM).
5. Rd: 3 fM zusammen abmaschen und 4 Lm für den Arm arb.
Faden etwa 30 cm lang abschneiden und durchziehen.

Aufhängung

Aus einem ca. 7 cm langen Faden in der gleichen Fb eine Kordel drehen.

Augenring (grünes Monster)

Für das grüne Monster mit Häkelnd 2,5 mm einen Magic-Ring in Orange anschl. Weiter in Spiral-Rd arb.
1. Rd: 15 fM häkeln.

Fertigstellen

Die Beine an die 2. Rd des Körpers nähen, die Arme an die 5. Rd. Die Kordel an der Kopfspitze befestigen. Aus Knöpfen, Bastelfilz und Nähgarn können verschiedene Gesichter auf den Körper appliziert werden. Für das grüne Monster den Augenring in Orange um das schwarze Sicherheitsauge nähen

Trendtiere

Faultier, Lama und Flamingos sind süß und voll im Trend. Wer immer schon einen kleinen Drachen in der Tasche haben wollte oder ein Einhorn auf dem Bücherregal, wird hier fündig. Diese kleinen Lieblinge sind gerade in aller Munde und dürfen auch in Ihrem Zuhause oder dem Ihrer Freunde nicht fehlen.

Verträumtes Einhorn
Symbol für das Gute

GRÖSSE
ca. 5,5 cm x 9 cm

MATERIAL
- Schachenmayr Catania (LL 125 m/50 g) in Crème (Fb 130), 50 g, Taupe (Fb 254), Signalrot (Fb 115), Orange (Fb 281), Löwenzahn (Fb 280), Anis (Fb 245), Golfgrün (Fb 241), Hellblau (173), Pfau (Fb 146) und Royal (Fb 201), Reste
- Häkelnadel 2,5 mm
- Füllwatte
- Sicherheitsaugen in Schwarz, ø 7 mm
- Bastelfilz in Crème
- Heißklebepistole

ANLEITUNG

Kopf

In Crème mit Häkelnd 2,5 mm einen Magic-Ring anschl. Weiter in Spiral-Rd arb.
1. Rd: 6 fM häkeln.
2. Rd: Jede M verdoppeln (= 12 fM).
3. Rd: Jede 2. M verdoppeln (= 18 fM).
4. Rd: Jede 3. M verdoppeln (= 24 fM).
5. Rd: Jede 4. M verdoppeln (= 30 fM).
6.-9 Rd: 30 fM häkeln.
10. Rd: * 3 fM, 2 fM zusammenhäkeln, ab * fortlaufend wdh (= 24 fM).
11. Rd: * 2 fM, 2 fM zusammenhäkeln, ab * fortlaufend wdh (= 18 fM).
12. Rd: * 1 fM, 2 fM zusammenhäkeln, ab * fortlaufend wdh (= 12 fM).
Sicherheitsaugen einfügen. Kopf mit Füllwatte ausstopfen.
13. Rd: Fortlaufend 2 fM zusammenhäkeln (= 6 fM). Mit Km abschließen.
Faden etwa 30 cm lang abschneiden und durchziehen.

Körper

In Crème mit Häkelnd 2,5 mm einen Magic-Ring anschl. Weiter in Spiral-Rd arb.
1. Rd: 6 fM häkeln.
2. Rd: Jede M verdoppeln (= 12 fM).
3. Rd: Jede 2. M verdoppeln (= 18 fM).
4.-10. Rd: 18 fM häkeln.
11. Rd: * 1 fM, 2 fM zusammenhäkeln, ab * fortlaufend wdh (= 12 fM).
Körper mit Füllwatte ausstopfen.
12. Rd: Fortlaufend 2 fM zusammenhäkeln (= 6 fM). Mit Km abschließen.
Faden trennen und durchziehen.

Bein (4x)

In Taupe mit Häkelnd 2,5 mm einen Magic-Ring anschl. Weiter in Spiral-Rd arb.
1. Rd: 5 fM häkeln.
2. Rd: Jede M verdoppeln.
3. Rd: 10 fM häkeln, dabei jeweils nur in die hinteren M-Glieder stechen (= 10 fM).
4.-8. Rd (Crème): 10 fM häkeln.
Beine mit Füllwatte ausstopfen.
Nun in R weiterarb.
1. R: 4 fM häkeln, 1 Wende-Lm.
2. R: 3 fM häkeln. Mit Km abschließen.
Faden etwa 30 cm lang abschneiden und durchziehen.

Nase

In Crème mit Häkelnd 2,5 mm einen Magic-Ring anschl. Weiter in Spiral-Rd arb.
1. Rd: 6 fM häkeln.
2. Rd: Jede M verdoppeln (= 12 fM).
3.+4. Rd: 12 fM häkeln.
Mit Füllwatte ausstopfen und mit Km abschließen.

Ohren

In Crème mit Häkelnd 2,5 mm einen Magic-Ring anschl. Weiter in Spiral-Rd arb.
1. Rd: 5 fM häkeln.
2. Rd: Jede M verdoppeln (= 10 fM).
3. Rd: * 2 fM, 1 M verdoppeln, ab * noch 2x wdh, 1 fM häkeln (=13 fM).
4.+5. Rd: 13 fM häkeln. Mit Km abschließen.
Faden etwa 30 cm lang abschneiden und durchziehen.

Fertigstellen

Den Kopf ab der 3. Rd an den Körper nähen. Die Beine an die 3. und 10. Rd des Körpers nähen. Die Nase an das untere Drittel des Kopfes nähen. Die Nüstern mit schwarzem Garn auf die Nase sticken. Die Ohren an der Basis zusammennähen und an die 1. R des Kopfes links und rechts befestigen. Pro Farbe 10 cm lange Fäden in den Regenbogenfarben zuschneiden. Als Mähne an den Kopf nähen und als Schweif an die vorletzte Reihe des Körpers knüpfen. Aus dem Bastelfilz ein Dreieck zuschneiden, aufrollen und mit Klebstoff auf der Stirnmitte ankleben.

TRENDTIERE

Flamingo-Freunde
pretty in Pink

GRÖSSE
ca. 12 cm

MATERIAL
* Schachenmayr Catania (LL 125 m/50 g) in Schwarz (Fb 110), Weiß (Fb 106), Pink (Fb 225) oder Orchidee (Fb 222), Reste
* Häkelnadel 2,5 mm
* Füllwatte
* Wollnadel

ANLEITUNG

Kopf und Körper

Mit Häkelnadel 2,5 mm in Pink oder Orchidee 2 Lm anschl. Dann fM in Spiral-Rd häkeln.
1. Rd: 6 fM in die 2. Lm von der Nd aus häkeln.
2. Rd: Jede fM verdoppeln (= 12 fM).
3. Rd: Jede 2. fM verdoppeln (= 18 fM).
4.-7. Rd: 18 fM häkeln.
8. Rd: Jede 2. und 3. fM zusammen abmaschen (= 12 fM).
Den Kopf mit Füllwatte ausstopfen.
9. Rd: Jede 2. und 3. fM zusammen abmaschen (= 8 fM).
10.-14. Rd: 8 fM häkeln.
15. Rd: Jede fM verdoppeln (= 16 fM).
16. Rd: Jede 2. fM verdoppeln (= 24 fM).
17. Rd: Jede 3. fM verdoppeln (= 32 fM).
18.-21. Rd: 32 fM häkeln.
22. Rd: Jede 3. und 4. fM zusammen abmaschen (= 24 fM).
23. Rd: Jede 2. und 3. fM zusammen abmaschen (= 16 fM).
Den Körper mit Füllwatte ausstopfen.
24. Rd: Je 2 fM zusammen abmaschen (= 8 fM).
25. Rd: Je 2 fM zusammen abmaschen (= 4 fM).
Faden trennen und vernähen.

Bürzel

Mit Häkelnadel 2,5 mm in Pink oder Orchidee 2 Lm anschl. Dann fM in Spiral-Rd häkeln.
1. Rd: 6 fM in die 2. Lm von der Nd aus häkeln.
2. Rd: Jede 2. fM verdoppeln (= 9 fM).
3. Rd: Jede 3. fM verdoppeln (= 12 fM).
4. Rd: Jede 4. fM verdoppeln (= 15 fM).
5. Rd: Jede 5. fM verdoppeln (=18 fM).
6. Rd: Jede 6. fM verdoppeln (= 21 fM).
7. Rd: Jede 7. fM verdoppeln (= 24 fM).
8. Rd: Jede 8. fM verdoppeln (= 27 fM).
9. Rd: Jede 9. fM verdoppeln (= 30 fM).
10. Rd: Jede 10. fM verdoppeln (= 33 fM).
11.+12. Rd: 33 fM häkeln.
Faden trennen.

Schnabel

Mit Häkelnadel 2,5 mm in Schwarz 2 Lm anschl. Dann fM in Spiral-Rd häkeln.
1. Rd: 6 fM in die 2. Lm von der Nd aus häkeln.
In Weiß weiterarb.
2. Rd: Die 1. fM verdoppeln (= 7 fM).
3. Rd: Die 3. fM verdoppeln (= 8 fM).
4.-6. Rd: 8 fM häkeln.
Faden trennen.

Flügel (2x)

Mit Häkelnadel 2,5 mm in Pink oder Orchidee 2 Lm anschl. Dann fM in Spiral-Rd häkeln.
1. Rd: 6 fM in die 2. Lm von der Nd aus häkeln.
2. Rd: Jede fM verdoppeln und die Rd mit 1 Km beenden.
In die folgende M 3 Lm und 2 Stb häkeln. In die folgende 2. fM 1 Km arb. Noch 2x wdh.
Faden trennen.

Bein (2x)

In Pink oder Orchidee 23 Lm mit Häkelnd 2,5 mm anschl und für die 3 Zehen in die 7. Lm von der Nd aus 1 Km, 6 Lm in dieselbe Lm arb, mit 1 Km beenden. Noch 2x wdh. Anschließend die Lm-Kette mit Km behäkeln.
Faden trennen.

Fertigstellen

Den Bürzel mit Füllwatte ausstopfen und an den Körper nähen. Die Beine und Flügel annähen und die Augen aufsticken. Den Schnabel mit etwas Füllwatte ausstopfen und an den Kopf nähen.

Weitgereistes Lama
so süß und flauschig

GRÖSSE
ca. 16,5 cm

MATERIAL
* Schachenmayr Catania (LL 125 m/50 g) in Natur (Fb 105), Signalrot (Fb 115), Golfgrün (Fb 241) und Türkis (Fb 397), Reste
* Anchor Sticktwist in Schwarz (Fb 403), Rest
* Häkelnadel 2,5 mm
* Füllwatte
* Wollnadel

ANLEITUNG

Körper

Mit Häkelnd 2,5 mm in Natur 2 Lm anschl. Dann fM in Spiral-Rd häkeln.
1. Rd: 6 fM in die 2. Lm von der Nd aus häkeln.
2. Rd: Jede fM verdoppeln (= 12 fM).
3. Rd: Jede 2. fM verdoppeln (= 18 fM).
4. Rd: Jede 3. fM verdoppeln (= 24 fM).
5.-19. Rd: 24 fM häkeln.
20. Rd: Jede 3. und 4. fM zusammen abmaschen (= 18 fM).
Den Körper mit Füllwatte ausstopfen.
21. Rd: Jede 2. und 3. fM zusammen abmaschen (= 12 fM).
22. Rd: Je 2 fM zusammen abmaschen (= 6 fM).
Den Körper beenden.

Kopf

Mit Häkelnd 2,5 mm in Natur 2 Lm anschl. Dann fM in Spiral-Rd häkeln.
1. Rd: 6 fM in die 2. Lm von der Nd aus häkeln.
2. Rd: Jede 1. und 3. fM verdoppeln (= 10 fM).
3. Rd: Jede 5. fM verdoppeln (= 12 fM).
4. Rd: Jede 6. fM verdoppeln (= 14 fM).
5. Rd: Jede 7. fM verdoppeln (= 16 fM).
6. Rd: Jede 4. fM verdoppeln (= 20 fM).
7. Rd: Jede 5. fM verdoppeln (= 24 fM).
8.-10. Rd: 24 fM häkeln.
11. Rd: Jede 5. und 6. fM zusammen abmaschen (= 20 fM).
12. Rd: Jede 4. und 5. fM zusammen abmaschen (= 16 fM).
Den Kopf mit Füllwatte ausstopfen.
13. Rd: Jede 3. und 4. fM zusammen abmaschen (= 12 fM).
14. Rd: Je 2 fM zusammen abmaschen (= 6 fM).
Den Kopf beenden.

Bein (4x)

Mit Häkelnd 2,5 mm in Natur 2 Lm anschl. Dann fM in Spiral-Rd häkeln.
1. Rd: 6 fM in die 2. Lm von der Nd aus häkeln.
2. Rd: Jede 3. fM verdoppeln (= 8 fM).
3.-15. Rd: 8 fM häkeln.
Das Bein beenden.

Ohr (2x)

Mit Häkelnd 2,5 mm in Natur 2 Lm anschl. Dann fM in Spiral-Rd häkeln.
1. Rd: 5 fM in die 2. Lm von der Nd aus häkeln.
2. Rd: Die 1. fM verdoppeln (= 6 fM).
3. Rd: Je 6 fM häkeln.
4. Rd: Die 6. fM verdoppeln (= 7 fM).
5. Rd: Je 7 fM häkeln.
Das Ohr beenden.

Hals

Mit Häkelnd 2,5 mm in Natur 20 Lm anschl und mit 1 Km zum Ring schließen.
1.+2. Rd: 20 fM in den Ring häkeln, dabei in jede Lm des Anschlags einstechen, danach fM in Spiral-Rd häkeln.
3. Rd: Jede 9. und 10 fM zusammen abmaschen (= 18 fM).
4.+5. Rd: 18 fM häkeln.
6. Rd: Jede 8. und 9. fM zusammen abmaschen (= 16 fM).
7.+8. Rd: 16 fM häkeln.
9. Rd: Jede 7. und 8. fM zusammen abmaschen (= 14 fM).
10.+11. Rd: 14 fM häkeln.
12. Rd: Jede 6. und 7. fM zusammen abmaschen (= 12 fM).
13.+14. Rd: 12 fM häkeln.
15. Rd: Jede 5. und 6. fM zusammen abmaschen (= 10 fM).
16.-18. Rd: 10 fM häkeln.
Den Hals beenden.

Decke

Mit Häkelnd 2,5 mm in Signalrot 18 Lm anschl.
1. R: 17 fM ab der 2. Lm von der Nd aus häkeln (=17 fM).
2. R: 17 fM häkeln.
3.+4. R: In Golfgrün 17 fM häkeln.
5.+6. R: In Türkis 17 fM häkeln.
7.+8. R: In Signalrot 17 fM häkeln.
9.+10. R: In Golfgrün 17 fM häkeln.
Die Decke beenden.

Fertigstellen

Die Beine mit Füllwatte ausstopfen und an den Körper nähen. Anschließend den Hals mit dem Körper verbinden und den Körper mit Füllwatte ausstopfen. Dann den Kopf an den Hals nähen. Mit Stickgarn in Schwarz Augen, Nase und einen Mund aufsticken.
Die Ohren an das Gesicht nähen und für die Haare einige Fäden in Natur anknüpfen.
Für das Schwänzchen 8 Lm mit doppeltem Faden in Natur anhäkeln und mit einem Knoten beenden. Die Decke auf den Rücken legen.

Wilder Drache
ganz handzahm

GRÖSSE
ca. 6,5 cm x 10 cm

MATERIAL
* Schachenmayr Catania (LL 125 m/ 50 g) in Golfgrün (Fb 241), 50 g und Apfel (Fb 205), Rest
* Häkelnadel 2,5 mm
* Füllwatte
* Sicherheitsaugen in Schwarz, ø 7 mm
* Nähgarn in Schwarz
* Bastelfilz in Hellgrün
* Pfeifenputzer, ca. 15 cm lang
* Klebstoff

ANLEITUNG

Kopf

In Golfgrün mit Häkelnd 2,5 mm einen Magic-Ring anschl. Weiter in Spiral-Rd arb.
1. Rd: 6 fM häkeln.
2. Rd: Jede M verdoppeln (= 12 fM).
3. Rd: Jede 2. M verdoppeln (= 18 fM).
4. Rd: Jede 3. M verdoppeln (= 24 fM).
5. Rd: Jede 4. M verdoppeln (= 30 fM).
6.-10. Rd: 30 fM häkeln.
11. Rd: * 3 fM, 2 fM zusammenhäkeln, ab * fortlaufend wdh (= 24 fM).
12. Rd: * 2 fM, 2 fM zusammenhäkeln, ab * fortlaufend wdh (= 18 fM).
13. Rd: * 1 fM, 2 fM zusammenhäkeln, ab * fortlaufend wdh (= 12 fM).
Die Sicherheitsaugen befestigen. Kopf mit Füllwatte ausstopfen.
14. Rd: Fortlaufend 2 fM zusammenhäkeln (= 6 fM). Mit Km abschließen.
Faden etwa 30 cm lang abschneiden und durchziehen.

Körper

In Golfgrün mit Häkelnd 2,5 mm einen Magic-Ring anschl. Weiter in Spiral-Rd arb.
1. Rd: 6 fM häkeln.
2. Rd: Jede M verdoppeln (= 12 fM).
3. Rd: Jede 2. M verdoppeln (= 18 fM).
4. Rd: Jede 3. M verdoppeln (= 24 fM).
5.+6. Rd: 24 fM häkeln.
7. Rd: * 2 fM, 2 fM zusammenhäkeln, ab * fortlaufend wdh (= 18 fM).
8.+9. Rd: 18 fM häkeln.
10. Rd: * 1 fM, 2 fM zusammenhäkeln, ab * fortlaufend wdh (= 12 fM).
11. Rd: 12 fM häkeln. Mit Km abschließen.
Körper mit Füllwatte ausstopfen. Faden trennen und durchziehen.

Arm (2x)

In Golfgrün mit Häkelnd 2,5 mm einen Magic-Ring anschl. Weiter in Spiral-Rd arb.
1. Rd: 5 fM häkeln.
2.-4. Rd: 5 fM häkeln. Mit Km abschließen.
Mit Füllwatte stopfen, Faden etwa 30 cm lang abschneiden und durchziehen.

Fuß (2x)

In Golfgrün mit Häkelnd 2,5 mm einen Magic-Ring anschl. Weiter in Spiral-Rd arb.
1. Rd: 6 fM häkeln.
2.+3. Rd: 6 fM häkeln. Mit Km abschließen.
Mit Füllwatte stopfen. Faden etwa 30 cm lang abschneiden und durchziehen.

Oberschenkel (2x)

In Golfgrün mit Häkelnd 2,5 mm einen Magic-Ring anschl. Weiter in R arb.
1. R: 8 fM, 1 Wende-Lm.
2. R: Jede 2. M verdoppeln (= 12 fM). 1 Wende-Lm.
3. R: 12 fM häkeln.
Faden etwa 30 cm lang abschneiden und durchziehen.

Nase

In Golfgrün mit Häkelnd 2,5 mm einen Magic-Ring anschl. Weiter in Spiral-Rd arb.
1. Rd: 6 fM häkeln.
2. Rd: Jede M verdoppeln (= 12 fM).
3.+4. Rd: 12 fM häkeln.
5. Rd: Jede 2. M verdoppeln (= 18 fM). Mit Km abschließen.
Faden trennen und durchziehen.

Nüster (2x)

In Golfgrün mit Häkelnd 2,5 mm 3 Lm anschl. Faden trennen und durchziehen.

Horn (2x)

In Golfgrün mit Häkelnd 2,5 mm einen Magic-Ring anschl. Weiter in Spiral-Rd arb.
1. Rd: 4 fM anschl.
2. Rd: 4 fM häkeln.
3. Rd: Jede 2. M verdoppeln (= 6 fM).
4. Rd: 6 fM häkeln.
5. Rd: Jede 3. M verdoppeln (= 8 fM).
In R weiterarb.
1. R: 4 fM, 1 Wende-Lm.
2. R: 4 fM häkeln.
Faden etwa 30 cm lang abschneiden und durchziehen.

Schwanz

In Golfgrün mit Häkelnd 2,5 mm einen Magic-Ring anschl. Weiter in Spiral-Rd arb.
1. Rd: 5 fM anschl.
2.+3. Rd: 5 fM häkeln.
4. Rd: Jede 2. M verdoppeln (= 7 fM).
5.+6. Rd: 7 fM häkeln.
7. Rd: Jede 2. M verdoppeln (= 10 fM).
8. Rd: 10 fM häkeln.
9. Rd: Jede 2. M verdoppeln (= 15 fM).
10.+11. Rd: 15 fM häkeln. Mit Km abschließen.
Faden etwa 30 cm lang abschneiden und durchziehen.

Flügelhaut (4x)

In Apfel mit Häkelnd 2,5 mm 2 Lm anschl. Weiter in R arb.
1. R: 2 fM in die letzte Lm häkeln, 1 Wende-Lm (= 2 fM).
2. R: Jede M verdoppeln, 1 Wende-Lm (= 4 fM).
3. R: 1 M verdoppeln, 2 fM, 1 M verdoppeln, 1 Wende-Lm (= 6 fM).
4.+5. R: 6 fM häkeln, 1 Wende-Lm.
6. R: 1 M verdoppeln, 4 fM, 1 M verdoppeln, 1 Wende-Lm (= 8 fM).
7. R: 8 fM häkeln, 2 Wende-Lm.
8. R: 1 Stb, 1 hStb, 4 fM, 1 hStb, 1 Stb.
Faden lang abschneiden und durchziehen. Nach dem Zusammennähen der Flügelhaut den Flügel am oberen Rand mit fM in Golfgrün umranden. Mit 3 Lm abschließen. Faden etwa 30 cm lang abschneiden und durchziehen.

Fertigstellen

Den Kopf und die Arme an den Körper nähen. Die Oberschenkel an die 3. Rd des Körpers nähen und mit Füllwatte stopfen. Die Füße an die Oberschenkel nähen. Die Nase mittig an den Kopf nähen und zwischen der 2. und 3. Rd der Nase die Nüstern annähen. Nasenlöcher mit schwarzem Garn aufsticken. Die Hörner mit Füllwatte stopfen und am Hinterkopf festnähen. Den Schwanz mit Pfeifenputzer und Füllwatte füllen und an die 3. Rd des Körpers nähen, anschließend in Form biegen. Die Flügel an den Rücken nähen und zum Schluss aus grünem Bastelfilz ein Bäuchlein ausschneiden und aufkleben.

Supercooles Faultier

einfach mal abhängen

GRÖSSE
ca. 15 cm

MATERIAL
* Schachenmayr Catania (LL 125 m/50 g) in Marone (Fb 157) und Natur (Fb 105), Reste
* Häkelnadel 2,5 mm
* Anchor Sticktwist in Schwarz (Fb 403), Rest
* Füllwatte
* 2 Perlen in Schwarz, ø 4 mm
* Wollnadel

ANLEITUNG

Kopf und Körper

Mit Häkelnd 2,5 mm in Marone 2 Lm anschl. Dann fM in Spiral-Rd häkeln.
1. Rd: 6 fM in die 2. Lm von der Nd aus häkeln.
2. Rd: Jede fM verdoppeln (= 12 fM).
3. Rd: Jede 2. fM verdoppeln (= 18 fM).
4. Rd: Jede 3. fM verdoppeln (= 24 fM).
5.-8. Rd: 24 fM häkeln.
9. Rd: Jede 3. und 4. fM zusammen abmaschen (= 18 fM).
10. Rd: 18 fM häkeln.
11. Rd: Jede 8. und 9. fM zusammen abmaschen (= 16 fM).
12. Rd: Jede 4. fM verdoppeln (= 20 fM).
13. Rd: Jede 5. fM verdoppeln (= 24 fM).
14. Rd: Jede 6. fM verdoppeln (= 28 fM).
15. Rd: Jede 7. fM verdoppeln (= 32 fM).
16.-21. Rd: 32 fM häkeln.
22. Rd: Jede 3. und 4. fM zusammen abmaschen (= 24 fM).
23. Rd: Jede 3. und 4. fM zusammen abmaschen (= 18 fM).
Das Gesicht und den Körper mit Füllwatte ausstopfen.
24. Rd: Jede 2. und 3. fM zusammen abmaschen (=12 fM).
25. Rd: Je 2 fM zusammen abmaschen (= 6 fM).
Kopf und Körper beenden.

Gesicht

Mit Häkelnd 2,5 mm in Natur 2 Lm anschl. Dann fM in Spiral-Rd häkeln.
1. Rd: 6 fM in die 2. Lm von der Nd aus häkeln.
2. Rd: Die 1. und 3. fM verdoppeln (= 10 fM).
3. Rd: Jede 2. fM verdoppeln (= 15 fM).
4. Rd: Jede 3. fM verdoppeln (= 20 fM).
Das Gesicht beenden.

Arm und Bein (4x)

Mit Häkelnd 2,5 mm in Marone 2 Lm anschl. Dann fM in Spiral-Rd häkeln.
1. Rd: 6 fM in die 2. Lm von der Nd aus häkeln.
2. Rd: Die 1. und 3. fM verdoppeln (= 10 fM).
3. Rd: 10 fM häkeln.
4. Rd: Die 1. und 2. fM und die 3. und 4. fM zusammen abmaschen (= 8 fM).
5.-24. Rd: 8 fM häkeln.
Den Arm oder das Bein unten ein wenig ausstopfen und beenden.

Auge (2x)

Mit Häkelnd 2,5 mm in Marone 2 Lm anschl. Dann fM in Spiral-Rd häkeln.
1. Rd: 6 fM in die 2. Lm von der Nd aus häkeln.
Das Auge beenden.

Fertigstellen

Die Arme und Beine an den Körper nähen. Auf das Gesicht mit schwarzem Stickgarn eine Nase und einen Mund aufsticken. Anschließend die Perlen auf die Augen und die Augen auf das Gesicht nähen. Das Gesicht auf die Vorderseite des Kopfes nähen und mit dem Stickgarn in Natur Krallen an Beinen und Armen aufsticken.

Tipp

Wenn Sie das Faultier an einen Zweig hängen möchten, können Sie beide Arme und beide Beine aneinandernähen.

Süße Meerjungfrau
zu Wasser und zu Lande

GRÖSSE
ca. 10 cm x 5,5 cm

MATERIAL
* Schachenmayr Catania (LL 125 m/ 50 g) in Soft Apricot (Fb 263), Golfgrün (Fb 241), 50 g, Apfel (Fb 205), Orchidee (Fb 222) und Camel (Fb 179), Reste
* Häkelnadel 2,5 mm
* Füllwatte
* Sicherheitsaugen in Schwarz, ø 4 mm
* Nähgarn in Schwarz
* evtl. etwas Rouge

ANLEITUNG

Kopf

In Soft Apricot mit Häkelnd 2,5 mm einen Magic-Ring anschl. Weiter in Spiral-Rd arb.
- **1. Rd:** 6 fM häkeln.
- **2. Rd:** Jede M verdoppeln (= 12 fM).
- **3. Rd:** Jede 2. M verdoppeln (= 18 fM).
- **4. Rd:** Jede 3. M verdoppeln (= 24 fM).
- **5. Rd:** Jede 4. M verdoppeln (= 30 fM).
- **6.-8. Rd:** 30 fM häkeln.
- **9. Rd:** * 3 fM, 2 fM zusammenhäkeln, ab * fortlaufend wdh (= 24 fM).
- **10. Rd:** * 2 fM, 2 fM zusammenhäkeln, ab * fortlaufend wdh (= 18 fM).
- **11. Rd:** * 1 fM, 2 fM zusammenhäkeln, ab * fortlaufend wdh (= 12 fM).

Die Sicherheitsaugen befestigen. Kopf mit Füllwatte ausstopfen.
- **12. Rd:** Fortlaufend 2 fM zusammenhäkeln (= 6 fM). Mit Km abschließen.

Faden etwa 30 cm lang abschneiden und durchziehen.

Körper

In Soft Apricot mit Häkelnd 2,5 mm einen Magic-Ring anschl. Weiter in Spiral-Rd arb.
- **1. Rd:** 6 fM häkeln.
- **2. Rd:** Jede M verdoppeln (= 12 fM).
- **3. Rd:** Jede 2. M verdoppeln (= 18 fM).
- **4.-6. Rd:** 18 fM häkeln.
- **7. Rd (Golfgrün):** 18 fM häkeln, dabei nur in die hinteren M-Glieder stechen.
- **8.+9. Rd:** Wieder fM häkeln, jede 3. M verdoppeln (= 24 fM).
- **10.+11. Rd:** * 2 fM, 2 fM zusammenhäkeln, ab * fortlaufend wdh (= 18 fM).
- **12. Rd:** * 2 fM, 2 fM zusammenhäkeln, ab * fortlaufend wdh (= 14 fM).
- **13.-15. Rd:** 14 fM häkeln.
- **16. Rd:** * 5 fM, 2 fM zusammenhäkeln, ab * fortlaufend wdh (= 12 fM).
- **17. Rd:** 12 fM häkeln.

Körper mit Füllwatte ausstopfen.
- **18. Rd:** * 2 fM, 2 fM zusammenhäkeln, ab * fortlaufend wdh (= 9 fM).
- **19. Rd:** * 2 fM, 2 fM zusammenhäkeln, ab * fortlaufend wdh (= 7 fM).
- **20. Rd:** Fortlaufend 2 fM zusammenhäkeln (= 4 fM). Mit Km abschließen.

Faden trennen und durchziehen.

Arm (2x)

In Soft Apricot mit Häkelnd 2,5 mm einen Magic-Ring anschl. Weiter in Spiral-Rd arb.
- **1. Rd:** 7 fM häkeln.
- **2.-5. Rd:** 7 fM häkeln. Mit Km abschließen.

Faden etwa 30 cm lang abschneiden und durchziehen.

Schwimmflosse (2x)

In Apfel mit Häkelnd 2,5 mm 6 Lm anschl. Weiter in Spiral-Rd häkeln.
- **1. Rd:** 3 fM, in die letzte Lm 3 fM arb, 3 fM, 1 Km in die 1. fM.
- **2. Rd:** 2 fM, 2 hStb in 1 M, 3 Stb in die nächste M, 2 hStb in die folgende M, 3 fM, Km in die 1. fM.

Faden etwa 30 cm lang abschneiden und durchziehen.

Bikini

Körbchen 2x arb: In Orchidee mit Häkelnd 2,5 mm einen Magic-Ring anschl und 8 fM häkeln, mit 1 Km schließen. Faden etwa 30 cm lang abschneiden und durchziehen.

Für das Bikiniband 20 Lm anschl.

Schwimmhäutchen

In Apfel mit Häkelnd 2,5 mm 1 Lm in das vordere M-Glied des Körpers anschl.
- **1. Rd:** * 1 fM, 1 Stb, 1 fM pro M-Glied behäkeln, mit Km in der nächsten M abschließen, ab * noch 8x wdh.

Hinweis: Beim Anhäkeln des Schwimmhäutchens muss die Flosse nach oben schauen, damit das fertig gehäkelte Schwimmhäutchen nach unten zeigt.

Fertigstellen

Den Kopf an den Körper nähen. Die Arme mit Füllwatte stopfen, dann an den Körper nähen. Die Flossen am Ende des Schwanzes befestigen. Zum Schluss die Körbchen des Bikinis an das Bikiniband nähen und auf dem Körper befestigen. In Camel mehrere ca. 10 cm lange Fäden zurechtschneiden und als Frisur an den Kopf knüpfen. Dann auf die richtige Länge kürzen. Evtl. mit etwas Rouge rosa Bäckchen auf die Wangen tupfen.

> **Tipp**
>
> Häkeln Sie die Meerjungfrau in Ihrer Lieblingsfarbe. Die zweite Meerjungfrau ist aus Schachenmayr Catania in Soft Apricot (Fb 263), Golf-grün (Fb 241), Pfau (Fb 146), Ocean (Fb 400) und Schwarz (Fb 110).

Kuscheltiere

Ob Bär, Schaf oder Hund: Klein und kuschelig warten die putzigen Tierchen nur darauf, gehäkelt zu werden und anschließend ihre neuen Besitzer kennenzulernen. Die süßen Begleiter haben Sie im Nu ins Herz geschlossen und noch schneller gehäkelt.

Kleiner Eisbär

Teddy macht Winterschlaf

GRÖSSE
ca. 9 cm

MATERIAL
* Schachenmayr Catania (LL 125 m/50 g) in Natur (Fb 105), Rest
* Anchor Sticktwist in Schwarz (Fb 403), Rest
* Häkelnadel 2,5 mm
* Füllwatte
* Wollnadel

ANLEITUNG

Körper

Mit Häkelnadel 2,5 mm in Natur 2 Lm anschl. Dann fM in Spiral-Rd häkeln.

1. Rd: 6 fM in die 2. Lm von der Nd aus häkeln.
2. Rd: Jede fM verdoppeln (= 12 fM).
3. Rd: Jede 2. fM verdoppeln (= 18 fM).
4. Rd: Jede 3. fM verdoppeln (= 24 fM).
5. Rd: Jede 4. fM verdoppeln (= 30 fM).
6.+7. Rd: 30 fM häkeln.
8. Rd: Jede 14. und 15. fM zusammen abmaschen (= 28 fM).
9. Rd: 28 fM häkeln.
10. Rd: Jede 13. und 14. fM zusammen abmaschen (= 26 fM).
11. Rd: Jede 12. und 13. fM zusammen abmaschen (= 24 fM).
12. Rd: Jede 5. und 6. fM zusammen abmaschen (= 20 fM).
13. Rd: 20 fM häkeln.
14. Rd: Jede 4. und 5. fM zusammen abmaschen (= 16 fM).
Den Körper mit Füllwatte ausstopfen.
15. Rd: Jede 3. und 4. fM zusammen abmaschen (= 12 fM).
16. Rd: 12 fM häkeln.
Faden trennen und vernähen.

Bein (2x)

Mit Häkelnadel 2,5 mm in Natur 2 Lm anschl. Dann fM in Spiral-Rd häkeln.

1. Rd: 6 fM in die 2. Lm von der Nd aus häkeln.
2. Rd: Jede fM verdoppeln (= 12 fM).
3. Rd: 12 fM häkeln.
4. Rd: Die 1. und 2. fM zusammen abmaschen (= 11 fM).
5. Rd: Die 1. und 2. fM zusammen abmaschen (= 10 fM).
6. Rd: Die 1. und 2. fM zusammen abmaschen (= 9 fM).
7.-16. Rd: 9 fM häkeln.
Faden trennen.

Arm (2x)

Mit Häkelnadel 2,5 mm in Natur 2 Lm anschl. Dann fM in Spiral-Rd häkeln.

1. Rd: 6 fM in die 2. Lm von der Nd aus häkeln.
2. Rd: Die 1. und 2. fM und die 3. und 4. fM verdoppeln (= 10 fM).
3. Rd: 10 fM häkeln.
4. Rd: Die 1. und 2. fM und die 5. und 6. fM zusammen abmaschen (= 8 fM).
5.-15. Rd: 8 fM häkeln.
Faden trennen.

Kopf (2x)

Mit Häkelnadel 2,5 mm in Natur 2 Lm anschl. Dann fM in Spiral-Rd häkeln.

1. Rd: 6 fM in die 2. Lm von der Nd aus häkeln.
2. Rd: Jede fM verdoppeln (= 12 fM).
3. Rd: Jede 3. fM verdoppeln (= 16 fM).
4. Rd: Jede 4. fM verdoppeln (= 20 fM).
5. Rd: Jede 4. fM verdoppeln (= 25 fM).
6. Rd: 25 fM häkeln.
Faden trennen.

Ohr (2x)

Mit Häkelnadel 2,5 mm in Natur 2 Lm anschl. Dann fM in Spiral-Rd häkeln.

1. Rd: 6 fM in die 2. Lm von der Nd aus häkeln.
2. Rd: Jede fM verdoppeln (= 12 fM).
3.+4. Rd: 12 fM häkeln.
5. Rd: Jede 5. und 6. fM zusammen abmaschen (= 10 fM).
Faden trennen.

Schnauze

Mit Häkelnadel 2,5 mm in Natur 2 Lm anschl. Dann fM in Spiral-Rd häkeln.

1. Rd: 6 fM in die 2. Lm von der Nd aus häkeln.
2. Rd: Jede 2. fM verdoppeln (= 9 fM).
3. Rd: Jede 3. fM verdoppeln (= 12 fM).
4. Rd: Jede 3. fM verdoppeln (= 16 fM).
Faden trennen.

Fertigstellen

Die beiden Gesichtshälften zusammennähen und an den Körper annähen. Anschließend die Ohren und die Schnauze an das Gesicht nähen. Beide Beine und die Arme am Körper festnähen. Zuletzt mit Stickgarn in Schwarz die Nase, den Mund und die Augen aufsticken.

Treuer Hund
bester Freund in allen Lebenslagen

GRÖSSE
ca. 9 cm

MATERIAL
* Schachenmayr Catania (LL 125 m/ 50 g) in Natur (Fb 0105) und Marone (Fb 157), Reste
* Anchor Sticktwist in Schwarz (Fb 403), Rest
* Häkelnadel 2,5 mm
* Füllwatte
* Wollnadel

ANLEITUNG

Körper

Mit Häkelnd 2,5 mm in Marone 2 Lm anschl. Dann fM in Spiral-Rd häkeln.

1. Rd: 6 fM in die 2. Lm von der Nd aus häkeln.
2. Rd: Jede fM verdoppeln (= 12 fM).
3. Rd: Jede 2. fM verdoppeln (= 18 fM).
4. Rd: Jede 3. fM verdoppeln (= 24 fM).
5. Rd: Jede 4. fM verdoppeln (= 30 fM).
6.+7. Rd: 30 fM häkeln.
8. Rd: Jede 15. fM zusammen abmaschen (= 28 fM).
9. Rd: 28 fM häkeln.
10. Rd: Jede 14. fM zusammen abmaschen (= 26 fM).
11. Rd: Jede 13. fM zusammen abmaschen (= 24 fM).
12. Rd: Jede 5. und 6. fM zusammen abmaschen (= 20 fM).
13. Rd: 20 fM häkeln.
Den Körper mit Füllwatte ausstopfen.
14. Rd: Jede 4. und 5. fM zusammen abmaschen (= 16 fM).
15. Rd: Jede 3. und 4. fM zusammen abmaschen (= 12 fM).
16. Rd: 12 fM häkeln.
Faden trennen.

Hinterlauf (2x)

Mit Häkelnd 2,5 mm in Natur 2 Lm anschl. Dann fM in Spiral-Rd häkeln.

1. Rd: 6 fM in die 2 Lm von der Nd aus häkeln.
2. Rd: Jede fM verdoppeln (= 12 fM).
3. Rd: 12 fM häkeln.
4. Rd: Die 1. und 2. fM zusammen abmaschen (= 11 fM).
5. Rd: Die 5. und 6. fM zusammen abmaschen (= 10 fM).
6. Rd: Die 1. und 2. fM zusammen abmaschen (= 9 fM).
In Marone weiterarb.
7.-16. Rd: 9 fM häkeln.
Faden trennen.

Vorderlauf (2x)

Mit Häkelnd 2,5 mm in Natur 2 Lm anschl. Dann fM in Spiral-Rd häkeln.

1. Rd: 6 fM in die 2 Lm von der Nd aus häkeln.
2. Rd: Jede 1. und 3. fM verdoppeln (= 10 fM).
3. Rd: 10 fM häkeln.
4. Rd: Jede 4. und 5. fM zusammen abmaschen (= 8 fM).
5.-15. Rd: In Marone 8 fM häkeln.
Fäden trennen und vernähen.

Kopf (2x)

Mit Häkelnd 2,5 mm in Marone 2 Lm anschl. Dann fM in Spiral-Rd häkeln.

1. Rd: 6 fM in die 2 Lm von der Nd aus häkeln.
2. Rd: Jede fM verdoppeln (= 12 fM).
3. Rd: Jede 3. fM verdoppeln (= 16 fM).
4. Rd: Jede 4. fM verdoppeln (= 20 fM).
5. Rd: Jede 4. fM verdoppeln (= 25 fM).
6.-9. Rd: 25 fM häkeln.
10. Rd: Jede 4. und 5. fM zusammen abmaschen (= 20 fM).
Faden trennen.

Ohr (2x)

Mit Häkelnd 2,5 mm in Natur/Marone 2 Lm anschl. Dann fM in Spiral-Rd häkeln.

1. Rd: 6 fM in die 2 Lm von der Nd aus häkeln.
2. Rd: Jede fM verdoppeln (= 12 fM).
3.+4. Rd: 12 fM häkeln.
5. Rd: Jede 5. und 6. fM zusammen abmaschen (= 10 fM).
6. Rd: 10 fM häkeln.
7. Rd: Jede 4. und 5. fM zusammen abmaschen (= 8 fM).
8.-13. Rd: 8 fM häkeln.
Faden trennen.

Auge

Mit Häkelnd 2,5 mm in Natur 2 Lm anschl. Dann fM in Spiral-Rd häkeln.

1. Rd: 7 fM in die 2. Lm von der Nd aus häkeln.
Faden trennen.

Schnauze

Mit Häkelnd 2,5 mm in Natur 2 Lm anschl. Dann fM in Spiral-Rd häkeln.

1. Rd: 6 fM in die 2. Lm von der Nd aus häkeln.
2. Rd: Jede fM verdoppeln (= 12 fM).
3. Rd: Jede 3. fM verdoppeln (= 16 fM).
4. Rd: Jede 4. fM verdoppeln (= 20 fM).
Faden trennen.

Fertigstellen

Die beiden Hälften des Kopfes zusammennähen, dabei mit Füllwatte ausstopfen. Anschließend den Körper an den Kopf nähen. Die Arme und Beine jeweils mit Füllwatte ausstopfen und an den Körper annähen. Die Schnauze besticken und am Kopf festnähen. Die Augen aufsticken und die Ohren annähen. Für den Schwanz mit doppeltem Faden in Natur ca. 18 Lm anschlagen und verknoten.

Achtarmige Krake

so ein Schlaukopf

GRÖSSE
ca. 10 cm x 6 cm

MATERIAL
* Schachenmayr Catania (LL 125 m/ 50 g) in Türkis (Fb 397), Weiß (Fb 106), Marine (Fb 124) und Signalrot (Fb 115), Reste
* Häkelnadel 2,5 mm
* Füllwatte
* 2 Plastikhalbkugeln in Schwarz, ø 5 mm
* Klebstoff

ANLEITUNG

Kopf

In Türkis mit Häkelnd 2,5 mm 2 Lm anschl. Alle folgenden Rd jeweils mit 1 Lm beginnen und mit 1 Km schließen. In Rd fM häkeln.
1. Rd: 8 fM in die 2. Lm von der Nd aus häkeln (= 8 fM).
2. Rd: Jede M verdoppeln (= 16 fM).
3. Rd: Jede 2. M verdoppeln (= 24 fM).
4. Rd: Jede 4. M verdoppeln (= 30 fM).
5.-10. Rd: 30 fM häkeln.
11. Rd: Jede 4. und 5. M zusammenhäkeln (= 24 fM).
12. Rd: Jede 2. und 3. M zusammenhäkeln (= 16 fM).
13. Rd: Jede 3. und 4. M zusammenhäkeln, dabei nur in die hinteren M-Glieder einstechen (= 12 fM).
Mit Füllwatte ausstopfen.
14. Rd: Je 2 M zusammenhäkeln (= 6 fM).
Faden etwa 30 cm abschneiden und durch alle M ziehen.

Tentakel (8x)

In Türkis mit Häkelnd 2,5 mm 2 Lm anschl.
1. Rd: 4 fM in die 2. Lm von der Nd aus häkeln (= 4 fM).
2. Rd: Jede M verdoppeln (= 8 fM).
3.-8. Rd: 8 fM häkeln.
9. Rd: 1 fM, 2 M zusammenhäkeln, 2 fM, 2 M zusammenhäkeln, 1 fM (= 6 fM).
Faden trennen und durchziehen.

Matrosenmütze

In Weiß mit Häkelnd 2,5 mm 2 Lm anschl.
1. Rd: 6 fM in die 2. Lm von der Nd aus häkeln (= 6 fM).
2. Rd: Jede M verdoppeln (= 12 fM).
3. Rd: Jede 2. M verdoppeln (= 18 fM).
4. Rd: Jede 3. M verdoppeln (= 24 fM).
5. Rd: Jede 4. M verdoppeln (= 30 fM).
6. Rd: Jede 10. M verdoppeln (= 33 fM).
7.+8. Rd: 33 fM häkeln.
Für den Umschlag weiter in Marine arb. Die Arbeit wenden und in die andere Richtung häkeln.
9. Rd: Jede 11. M verdoppeln, dabei nur in die hinteren M-Glieder einstechen (= 36 fM).
10. Rd (Weiß): 36 fM häkeln.
Faden trennen und durchziehen.

Fertigstellen

Die Tentakel nur zu zwei Dritteln ausstopfen und an den vorderen M-Gliedern der 13. Kopf-Rd festnähen. Darauf achten, dass sich die Nähte der Tentakel wie auch des Kopfes unten bzw. hinten befinden. In Signalrot einen Mund auf den Kopf aufsticken und die Plastikhalbkugeln als Augen aufkleben. Die Matrosenmütze leicht schräg aufsetzen und am Kopf festnähen.

KUSCHELTIERE

Susie, das Schaf
wolligweich und richtig clever

GRÖSSE
ca. 8 cm

MATERIAL
* Schachenmayr Catania (LL 125 m/50 g) in Natur (Fb 105), Orchidee (Fb 222) und Weiß (Fb 106), Reste
* Anchor Sticktwist in Schwarz (Fb 403), Rest
* Häkelnadel 2,5 mm
* Füllwatte
* Wollnadel
* evtl. Stofffarbe

ANLEITUNG

Körper

In Natur mit Häkelnd 2,5 mm 2 Lm anschl. Dann fM in Spiral-Rd häkeln.

1. Rd: 6 fM in die 2. Lm von der Nd aus häkeln.
2. Rd: Jede fM verdoppeln (= 12 fM).
3. Rd: Jede 3. fM verdoppeln (= 16 fM).
4. Rd: Jede 4. fM verdoppeln (= 20 fM).
5. Rd: Jede 4. fM verdoppeln (= 25 fM).
6. Rd: Jede 5. fM verdoppeln (= 30 fM).
7.-12. Rd: 30 fM häkeln.
13. Rd: Jede 5. und 6. fM zusammen abmaschen (= 25 fM).
14. Rd: Jede 4. und 5. fM zusammen abmaschen (= 20 fM).
15. Rd: Jede 3. und 4. fM zusammen abmaschen (= 16 fM).
Den Körper mit Füllwatte ausstopfen.
16. Rd: Jede 3. und 4. fM zusammen abmaschen (= 12 fM).
17. Rd: Je 2 fM zusammen abmaschen (= 6 fM).
Faden trennen und vernähen.

Bein (4x)

In Natur mit Häkelnd 2,5 mm 2 Lm anschl. Dann fM in Spiral-Rd häkeln.

1. Rd: 6 fM in die 2. Lm von der Nd aus häkeln.
2. Rd: Jede 3. fM verdoppeln (= 8 fM).
3.-5. Rd: 8 fM häkeln.
Faden trennen.

Kopf

In Natur mit Häkelnd 2,5 mm 2 Lm anschl. Dann fM in Spiral-Rd häkeln.

1. Rd: 6 fM in die 2. Lm von der Nd aus häkeln.
2. Rd: Jede fM verdoppeln (= 12 fM).
3. Rd: Jede 3. fM verdoppeln (= 16 fM).
4. Rd: Jede 4. fM verdoppeln (= 20 fM).
5.-7. Rd: 20 fM häkeln.
8. Rd: Jede 4. und 5. fM zusammen abmaschen (= 16 fM).
9. Rd: Jede 7. und 8. fM zusammen abmaschen (= 14 fM).
10. Rd: 14 fM häkeln.
11. Rd: Jede 7. fM verdoppeln (= 16 fM).
12. Rd: Jede 4. fM verdoppeln (= 20 fM).
13.+14. Rd: 20 fM häkeln.
15. Rd: Jede 4. und 5. fM zusammen abmaschen (= 16 fM).
Den Kopf mit Füllwatte ausstopfen.
16. Rd: Jede 3. und 4. fM zusammen abmaschen (= 12 fM).
17. Rd: Je 2 fM zusammen abmaschen (= 6 fM).
Faden trennen.

Ohr (2x)

In Natur mit Häkelnd 2,5 mm 2 Lm anschl. Dann fM in Spiral-Rd häkeln.

1. Rd: 6 fM in die 2. Lm von der Nd aus häkeln.
2. Rd: Jede fM verdoppeln (= 12 fM).
Faden trennen.

Auge (2x)

In Weiß mit Häkelnd 2,5 mm 2 Lm anschl. Dann fM in Spiral-Rd häkeln.
1. Rd: 6 fM in die 2. Lm von der Nd aus häkeln.
2. Rd: Jede 3. fM verdoppeln (= 8 fM).
3. Rd: 8 fM häkeln.
Das Auge mit Füllwatte ausstopfen.
4. Rd: Je 2 fM zusammen abmaschen (= 4 fM).
Faden trennen.

Fertigstellen

Die Beine mit Füllwatte ausstopfen und an den Körper nähen.
Eine Pupille mit Stickgarn in Schwarz auf die Augen sticken und diese an den Kopf nähen.
Die Ohren am Kopf festnähen und eine Schnauze aufsticken.
Evtl. mit Stofffarbe in Rosa Bäckchen auftupfen.
Für die Schafwolle den Körper in Natur und den Kopf in Orchidee behäkeln, dafür 6 Lm anschl und 1 Km in die 3. fM häkeln.

Zartes Reh

lebt tief im dunklen Wald

GRÖSSE
ca. 11 cm

MATERIAL
* Schachenmayr Catania (LL 125 m/ 50 g) in Marone (Fb 157), Weiß (Fb 106) und Signalrot (Fb 115), Reste
* Anchor Sticktwist in Schwarz (Fb 403), Rest
* Häkelnadel 2,5 mm
* Füllwatte
* Wollnadel

ANLEITUNG

Körper

In Marone mit Häkelnd 2,5 mm 2 Lm anschl. Dann fM in Spiral-Rd häkeln.
1. Rd: 6 fM in die 2. Lm von der Nd aus häkeln.
2. Rd: Jede fM verdoppeln (= 12 fM).
3. Rd: Jede 2. fM verdoppeln (= 18 fM).
4. Rd: Jede 3. fM verdoppeln (= 24 fM).
5.-16. Rd: 24 fM häkeln.
17. Rd: Jede 3. und 4. fM zusammen abmaschen (= 18 fM).
Mit Füllwatte ausstopfen.
18. Rd: Jede 2. und 3. fM zusammen abmaschen (= 12 fM).
19. Rd: Je 2 fM zusammen abmaschen (= 6 fM).
Faden trennen und vernähen.

Ohr (2x)

In Marone mit Häkelnd 2,5 mm 2 Lm anschl. Dann fM in Spiral-Rd häkeln.
1. Rd: 6 fM in die 2. Lm von der Nd aus häkeln.
2. Rd: Jede 2. und 3. fM verdoppeln (= 10 fM).
3.+4. Rd: 10 fM häkeln.
5. Rd: Jede 4. und 5. fM zusammen abmaschen (= 8 fM).
6. Rd: Jede 3. und 4. fM zusammen abmaschen (= 6 fM).
7. Rd: Die 1. und 2. fM zusammen abmaschen (= 5 fM).
Faden trennen.

Kopf

In Marone mit Häkelnd 2,5 mm 2 Lm anschl. Dann fM in Spiral-Rd häkeln.
1. Rd: 6 fM in die 2. Lm von der Nd aus häkeln.
2. Rd: Jede 2. und 3. fM verdoppeln (= 10 fM).
3. Rd: Jede 5. fM verdoppeln (= 12 fM).
4. Rd: Jede 6. fM verdoppeln (= 14 fM).
5. Rd: Jede 7. fM verdoppeln (= 16 fM).
6. Rd: Jede 4. fM verdoppeln (= 20 fM).
7. Rd: Jede 5. fM verdoppeln (= 24 fM).
8.-10. Rd: 24 fM häkeln.
11. Rd: Jede 5. und 6. fM zusammen abmaschen (= 20 fM).
12. Rd: Jede 4. und 5. fM zusammen abmaschen (= 16 fM).
Den Kopf mit Füllwatte ausstopfen.
13. Rd: Jede 3. und 4. fM zusammen abmaschen (= 12 fM).
14. Rd: Je 2 fM zusammen abmaschen (= 6 fM).
Faden trennen.

Schnauze

In Weiß mit Häkelnd 2,5 mm 2 Lm anschl. Dann fM in Spiral-Rd häkeln.
1. Rd: 6 fM in die 2. Lm von der Nd aus häkeln.
2. Rd: Jede 2. und 3. fM verdoppeln (= 10 fM).
3. Rd: Jede 5. fM verdoppeln (= 12 fM).
4. Rd: Jede 6. fM verdoppeln (= 14 fM).
Faden trennen.

Bein (4x)

In Marone mit Häkelnd 2,5 mm 2 Lm anschl. Dann fM in Spiral-Rd häkeln.
1. Rd: 6 fM in die 2. Lm von der Nd aus häkeln.
2. Rd: Jede 3. fM verdoppeln (= 8 fM).
3.-16. Rd: 8 fM häkeln.
Faden trennen.

Fertigstellen

Die Beine mit Füllwatte ausstopfen und an den Körper nähen.
An den Kopf 10 fM anhäkeln und darüber noch 4 R à 10 fM häkeln, sodass ein Hals entsteht. Den Hals mit Füllwatte ausstopfen und an den Körper nähen.
Schnauze und Ohren an das Gesicht nähen.
Mit schwarzem Stickgarn Nase und Augen aufsticken.
In Weiß anschließend 6 Herzchen auf den Körper sticken.
Für den Schwanz in Marone mit Häkelnd 2,5 mm 7 Lm anhäkeln und mit fM behäkeln. Dabei die 1. fM in die 3. Lm von der Nd aus häkeln.
Zuletzt in Signalrot eine Lm-Kette von ca. 70 Lm häkeln und als Schleife um den Hals binden.

Anhängliches Krokodil
sucht eine Schwimmgemeinschaft

GRÖSSE
ca. 12 cm

MATERIAL
* Schachenmayr Catania (LL 125 m/ 50 g) in Apfel (Fb 205) und Weiß (Fb 106), Reste
* Anchor Sticktwist in Schwarz (Fb 403), Rest
* Häkelnadel 2,5 mm
* 2 Perlen in Schwarz
* Füllwatte
* Wollnadel

ANLEITUNG

Kopf und Körper

In Apfel mit Häkelnd 2,5 mm 2 Lm anschl. Dann fM in Spiral-Rd häkeln.
1. Rd: 6 fM in die 2. Lm von der Nd aus häkeln.
2. Rd: Jede fM verdoppeln (= 12 fM).
3.-6. Rd: 12 fM häkeln.
7. Rd: Jede 3. fM verdoppeln (= 16 fM).
8. Rd: Jede 4. fM verdoppeln (= 20 fM).
9. Rd: Jede 5. fM verdoppeln (= 24 fM).
10. Rd: Jede 6. fM verdoppeln (= 28 fM).
11. Rd: 28 fM häkeln.
12. Rd: Jede 6. und 7. fM zusammen abmaschen (= 24 fM).
13. Rd: Jede 5. und 6. fM zusammen abmaschen (= 20 fM).
14. Rd: Jede 4. und 5. fM zusammen abmaschen (= 16 fM).
Mit Füllwatte ausstopfen.
15. Rd: Jede 3. und 4. fM zusammen abmaschen (= 12 fM).
16. Rd: 12 fM häkeln.
17. Rd: Jede 2. fM verdoppeln (= 18 fM).
18. Rd: Jede 3. fM verdoppeln (= 24 fM).
19. Rd: Jede 4. fM verdoppeln (= 30 fM).
20. Rd: Jede 5. fM verdoppeln (= 36 fM).
21.+22. Rd: 36 fM häkeln.
23. Rd: Jede 11. und 12. fM zusammen abmaschen (= 33 fM).
24. Rd: Jede 10. und 11. fM zusammen abmaschen (= 30 fM).
25. Rd: Jede 9. und 10. fM zusammen abmaschen (= 27 fM).
26. Rd: Jede 8. und 9. fM zusammen abmaschen (= 24 fM).
27. Rd: Jede 7. und 8. fM zusammen abmaschen (= 21 fM).
28. Rd: Jede 6. und 7. fM zusammen abmaschen (= 18 fM).
29. Rd: Jede 5. und 6. fM zusammen abmaschen (= 15 fM).
30.+31. Rd: 15 fM häkeln.
32. Rd: Jede 4. und 5. fM zusammen abmaschen (= 12 fM).
Mit Füllwatte ausstopfen.
33. Rd: Jede 5. und 6. fM zusammen abmaschen (= 10 fM).
34. Rd: Die 1. und 2. fM zusammen abmaschen (= 9 fM).
35. Rd: Die 4. und 5. fM zusammen abmaschen (= 8 fM).
36. Rd: Jede 3. und 4. fM zusammen abmaschen (= 6 fM).
Faden trennen und vernähen.

Stachel (3x)

In Weiß mit Häkelnd 2,5 mm 2 Lm anschl. Dann fM in Spiral-Rd häkeln.
1. Rd: 5 fM in die 2. Lm von der Nd aus häkeln.
2. Rd: Die 1. fM verdoppeln (= 6 fM).
3. Rd: Die 3. fM verdoppeln (= 7 fM).
4. Rd: 7 fM häkeln.
Faden trennen.

Auge (2x)

In Weiß mit Häkelnd 2,5 mm 2 Lm anschl. Dann fM in Spiral-Rd häkeln.
1. Rd: 6 fM in die 2. Lm von der Nd aus häkeln.
Faden trennen.

Fertigstellen

Die Perlen jeweils auf die Augen und anschließend an das Gesicht nähen oder mit Heißkleber aufkleben.
Die Stacheln an den Körper nähen und danach mit Stickgarn in Schwarz beide Nasenlöcher auf das Maul sticken.
Die Beine in Apfel an jeweils 1 fM an den Körper anhäkeln, dafür 6 Lm anschl, 1 Km, 6 Lm, 1 Km, 6 Lm, 1 Km arb.
Faden trennen und vernähen.

KUSCHELTIERE

Grundkurs Häkeln

Luftmasche

1 Für die Anfangsschlinge hinter dem Daumen die Häkelnadel von unten nach oben durch die Schlinge führen, über die Fadenkreuzung gehen und den Faden mit dem Haken fassen. Dabei legt sich dieser um die Nadel.

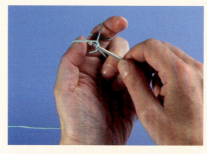

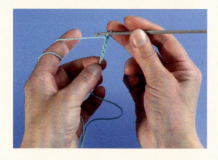

2 Nun den Faden durch die Schlinge holen und gleichzeitig den Daumen aus der Schlinge ziehen. Dabei darauf achten, dass die Schlinge nicht von der Nadel rutscht. Die Anfangsschlinge anziehen, sodass sie locker auf der Nadel liegt.

3 Nun für die 1. Luftmasche den Faden erneut fassen, dabei wird die Nadel von links nach rechts um den Faden bewegt. Der Faden liegt nun über der Nadel. Dies wird auch als Umschlag bezeichnet.

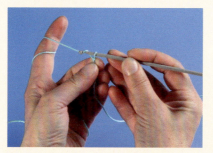

4 Den Faden durch die Anfangsschlinge ziehen. Es bildet sich eine v-förmige Schlinge unter der Nadel = 1. Luftmasche. Für jede weitere Luftmasche den Faden jeweils mit einem erneuten Umschlag holen und durch die bestehende Schlinge auf der Nadel ziehen. Beim Abzählen der Luftmaschen wird mit der zuletzt gehäkelten Luftmasche begonnen und zum Anschlagbeginn zurückgezählt.

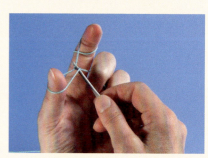

Feste Masche

1 Zuerst eine Luftmaschenkette aus entsprechend vielen Luftmaschen häkeln und 1 Luftmasche zusätzlich anschlagen. Die zusätzliche Luftmasche ist die Wendeluftmasche (siehe auch Seite 92). Nun für die 1. feste Masche in die 2. Luftmasche von der Nadel aus einstechen. Dabei darauf achten, dass 2 Schlingen der Luftmasche über der Nadel liegen und 1 Schlinge unter der Nadel liegt.

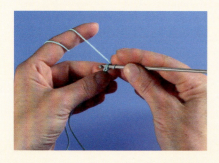

2 Anschließend mit einem Umschlag den Faden holen und diesen durch die Luftmasche ziehen. Es liegen nun 2 Schlingen auf der Nadel.

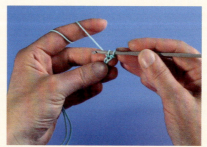

3 Dann mit einem Umschlag den Faden holen und durch beide auf der Nadel befindlichen Schlingen ziehen. Dies bezeichnet man auch als abmaschen. Die 1. feste Masche ist fertig.

4 Nun in jede Luftmasche je 1 feste Masche arbeiten. Dabei in die Luftmasche, wie in Schritt 1 gezeigt, einstechen und die Schritte 2 und 3 ausführen.

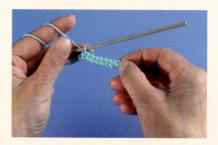

Halbes Stäbchen

1 Eine Luftmaschenkette plus 2 Luftmaschen für das 1. halbe Stäbchen anschlagen. Nun zuerst 1 Umschlag auf die Nadel legen, dann in die 4. Luftmasche von der Nadel aus einstechen und den Faden durchholen. Es liegen 3 Schlingen auf der Nadel.

2 Den Faden erneut holen und alle 3 auf der Nadel befindlichen Schlingen zusammen abmaschen. Das Foto zeigt das 1. und 2. halbe Stäbchen, dabei ist das 1. halbe Stäbchen durch 2 Luftmaschen ersetzt.

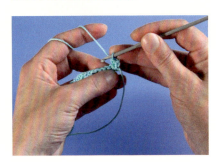

Einfaches Stäbchen

1 Das 1. Stäbchen wird durch 3 Luftmaschen ersetzt. Für das 2. Stäbchen der 1. Reihe zuerst einen Umschlag auf die Häkelnadel legen und in die 5. Luftmasche von der Nadel aus einstechen.

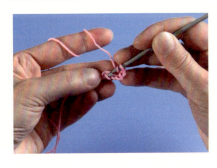

2 Den Faden durch die Luftmasche holen. Es liegen nun 3 Schlingen auf der Nadel.

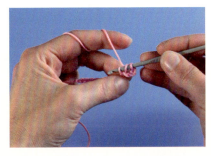

3 Den Faden erneut holen und nur die 1. und 2. Schlinge auf der Nadel zusammen abmaschen. Es verbleiben 2 Schlingen auf der Nadel.

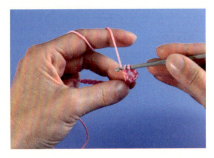

4 Nun den Faden ein weiteres Mal holen und die beiden auf der Nadel befindlichen Schlingen zusammen abmaschen. Das Foto zeigt das 1. und 2. Stäbchen, dabei ist das 1. Stäbchen durch 3 Luftmaschen ersetzt.

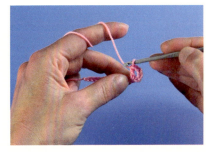

Die Kettmasche

1 Die Häkelnadel in die Masche einstechen und 1 Umschlag auf die Nadel nehmen.

2 Den Faden durch die Masche ziehen ...

3 ... und anschließend sofort weiter durch die Arbeitsschlinge ziehen.

4 Die Kettmasche liegt flach auf der Masche der Vorreihe.

Wendeluftmasche

1 Am Ende jeder Reihe stets eine zusätzliche Luftmasche als Wendeluftmasche häkeln. Sie wird benötigt, da jede Grundmasche eine bestimmte Höhe hat. Mithilfe der Luftmasche erreicht man die Arbeitshöhe von festen Maschen. Nach der Wendeluftmasche das Häkelteil wenden.

2 Nun in der 2. und jeder weiteren Reihe in jede feste Masche je 1 feste Masche häkeln, dabei jeweils unter den quer liegenden Schlingen am oberen Rand einstechen und die feste Masche häkeln.

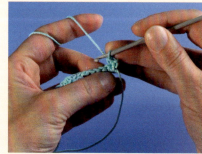

Tabelle für Wendeluftmaschen

Maschenart	zusätzlich zur Luftmaschenkette anschlagen = Ersatz für die 1. Masche
Halbes Stäbchen	+ 2 Luftmaschen
Stäbchen	+ 3 Luftmaschen
Doppelstäbchen	+ 4 Luftmaschen

Farbwechsel bei Streifen

1 Um für ein Streifenmuster die Garnfarbe zu wechseln, bei der letzten festen Masche der Vorreihe den Faden der alten Farbe mit einem Umschlag durchholen, sodass 2 Schlingen auf der Nadel liegen. Nun diese beiden Schlingen mit dem Garn in der neuen Farbe abmaschen. Die letzte feste Masche ist so komplett in der alten Farbe gehäkelt, die Schlinge auf der Nadel hat bereits die neue Farbe.

2 Mit neuer Farbe weiterarbeiten. Nun wie gewohnt 1 zusätzliche Wendeluftmasche häkeln, das Häkelstück wenden und weiterhin feste Maschen arbeiten.

Schwierigkeitsgrade

schnell und einfach

braucht etwas Übung

für Anspruchsvolle

Hinweis

Sind die Streifen schmal, kann der stillgelegte Faden der 1. Farbe mit dem Faden der in Arbeit befindlichen 2. Farbe gekreuzt und nach oben gespannt werden. Dann den Farbwechsel, wie erklärt, ausführen. Darauf achten, dass der gespannte Faden nicht zu kurz ist, da sich sonst die Kante des Häkelteils zusammenzieht.

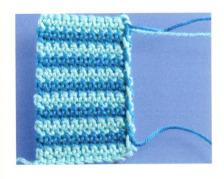

ABKÜRZUNGEN

anschl = anschlagen

arb = arbeiten

DStb = Doppelstäbchen

Fb = Farbe(n)

fM = feste Masche(n)

hStb = halbes Stäbchen

Häkelnd = Häkelnadel(n)

Km = Kettmasche(n)

Lm = Luftmasche

M = Masche(n)

Nd = Nadel(n)

R = Reihe(n)

Rd = Runde(n)

Stb = Stäbchen

Strg = Strängchen

Maschenabnahme

2 feste Maschen zusammen abmaschen

Sollen 2 feste Maschen zusammen abgemascht werden, für jede feste Masche je 1 Schlinge auf die Häkelnadel holen. Anschließend alle 3 auf der Nadel befindlichen Schlingen zusammen abmaschen. Die Maschenzahl verringert sich um 1 Masche.

2 Stäbchen zusammen abmaschen

Zuerst das 1. Stäbchen zur Hälfte abmaschen. Jetzt liegen 2 Schlingen auf der Nadel. Nun das 2. Stäbchen häkeln und dieses ebenfalls nur zur Hälfte abmaschen. Es liegen 3 Schlingen auf der Nadel. Mit einem neuen Umschlag alle 3 Schlingen zusammen abmaschen (= minus 1 Masche).

Maschen verdoppeln

Soll eine einzelne Masche zugenommen werden, wird eine bereits gehäkelte Masche „verdoppelt", d. h., in dieselbe Einstichstelle der zuletzt gehäkelten Masche wird eine 2. Masche gehäkelt. Alle Arten von Grundmaschen können so zugenommen werden. Diese Zunahme kann in Runden und in Reihen erfolgen. Die Maschenzahl vergrößert sich um 1 Masche.

Überwendlingsstich

Die Außenkanten der Häkelteile flach aneinanderlegen, sodass die Teile genau aufeinandertreffen. In der unteren Ecke des linken Häkelteils ausstechen, die Nadeln waagerecht zum rechten Häkelteil führen und einstechen. Ein kleines Stück weiter oben am linken Häkelteil wieder ausstechen. Die Nadel wird dabei leicht schräg geführt. Den Faden durchziehen.
Den Vorgang über die gesamte Naht stets wiederholen. Dabei darauf achten, dass die Stiche gleichmäßig angezogen werden.

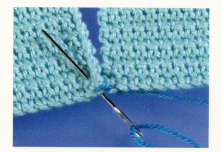

> **Tipp**
>
> **Passender Faden** Beim Überwendlingsstich ist der Faden zwischen den Häkelteilen zu sehen. Daher die Garnfarbe passend wählen und auf eine gleichmäßige Naht achten.

Abschlusskante mit Kettmaschen

Kettmaschen legen sich flach auf die Vorderseite des Häkelteiles. Die behäkelten Ränder werden stabil und leiern weniger aus. In jede Masche oder Einstichstelle des Hauptteils 1 Kettmasche häkeln.

Hinweis

Beim Behäkeln der oberen Häkelkante und der Anschlagkante wird in jede Masche des Hauptteils eine Masche gehäkelt. An den seitlichen Rändern sollten die Maschen der Abschlusskante stets in gleichmäßigen Abständen gearbeitet werden. Je nachdem, welche Maschen an den seitlichen Rändern liegen, muss man ausprobieren, welchen Abstand die Maschen der Abschlusskante am besten haben sollten.

Rundhäkeln mit 2 Luftmaschen

Zuerst 2 Luftmaschen anschlagen. Danach für die 1. Runde stets in die 2. Luftmasche von der Nadel aus einstechen und feste Maschen häkeln. Nach der Ausführung von mehreren Häkelmaschen entsteht ein kleiner Maschenkreis. Das Rundhäkeln mit 2 Luftmaschen eignet sich dann, wenn nur wenige Maschen am Rundenanfang gehäkelt werden sollen (8–10 feste Maschen maximal). Der Rundenanfang bleibt dicht geschlossen; es entsteht nur ein ganz kleines Loch, das mit dem Anfangsfaden beim Vernähen ggf. noch zusammengezogen werden kann.

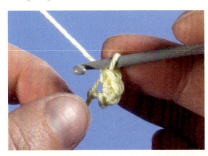

Spiralrunden häkeln

In der Regel werden Spiralrunden nur mit festen Maschen gehäkelt, weil diese Maschen sehr niedrig sind. In Spiralrunden werden die Maschen spiralförmig über den Rundenanfang hinweg fortlaufend gehäkelt. Der Vorteil ist, dass es keine sichtbaren Übergänge gibt. Dadurch erscheint das Maschenbild gleichmäßig. Um den Rundenanfang sichtbar zu machen, zunächst zwischen der letzten Masche der 1. Runde und der 1. Masche der folgenden Runde einen Kontrastfaden einlegen. Danach mit festen Maschen weiterhäkeln. Es empfiehlt sich, in regelmäßigen Abständen weitere Kontrastfäden einzulegen. Dies erleichtert das Abzählen der Runden.

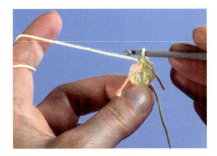

DANKE!

Wir danken den Firmen MEZ GmbH und Rico GmbH für die Unterstützung bei diesem Buch.

IMPRESSUM

Genehmigte Sonderausgabe für Weltbild GmbH & Co. KG

Werner-von-Siemens-Str. 1, 86159 Augsburg

MODELLE: Esther Konrad (S. 6–17, 48–55), Melanie Czerny (S. 20/21, 24–31), Kamuran Simsek (S. 22/23), Franziska Heidenreich (S. 34/35, 40/41), Eveline Hetty-Burkart (S. 36/37), Dorothea Neumann (S. 44/45), Andrea Biegel (S. 38/39, 80/81), Carola Behn (S. 42/43, 64–67, 70/71, 76–79, 82–87), Kristina Lehne (S. 56/57), Martina Konecny (S. 58/59, 62/63, 68/69, 72/73)

FOTOS: frechverlag GmbH, 70499 Stuttgart; lichtpunkt, Michael Ruder, Stuttgart

SATZ: Arnold & Domnick, Leipzig

UMSCHLAGGESTALTUNG: Petra Theilfarth

DRUCK UND BINDUNG: Neografia, Slowakei

Materialangaben und Arbeitshinweise in diesem Buch wurden von den Autoren und den Mitarbeitern des Verlages sorgfältig geprüft. Eine Garantie wird jedoch nicht übernommen. Das Werk und die darin gezeigten Modelle sind urheberrechtlich geschützt. Die Vervielfältigung und Verbreitung ist, außer für private, nicht kommerzielle Zwecke, untersagt und wird zivil- und strafrechtlich verfolgt. Dies gilt insbesondere für eine Verbreitung des Werkes durch Fotokopien, Film, Funk und Fernsehen, elektronische Medien und Internet sowie für eine gewerbliche Nutzung der gezeigten Modelle. Bei Verwendung im Unterricht und in Kursen ist auf dieses Buch hinzuweisen.

1. Auflage 2019

© 2019 frechverlag GmbH, Turbinenstraße 7, 70499 Stuttgart

ISBN: 978-3-7724-3084-8 • Best.-Nr. 3084